天照大神《あまてらすおおみかみ》よ、神罰は終わったか。

大川隆法
RYUHO OKAWA

まえがき

本書は、菅《すが》官房長官（現・総理）守護霊が、自民党総裁選に出る前に、相談に来られたことをうけて、天照大神のお答えをご神示《しんじ》頂いたものである。

この意味で〈付録〉のほうを先に読んで頂いてから、天照大神のご神示をお読みになったほうが分かりやすいかもしれない。菅氏守護霊も、伊勢神宮におうかがいを立てるような気持ちで来られたものだと思う。

答えは、非常に簡明《かんめい》なので、そう誤解されることはなかろう。神の言葉は、いつも少し手厳しいものである。

神罰はまだ終わっていない。その内容が、これから来年にかけて本格化していくだろう。

二〇二〇年　十月八日

幸福《こうふく》の科学《かがく》グループ創始者兼総裁《そうししゃけんそうさい》　大川隆法《おおかわりゅうほう》

天照大神よ、神罰は終わったか。　目次

まえがき　1

天照大神《あまてらすおおみかみ》よ、神罰《しんばつ》は終わったか。

二〇二〇年九月二十三日　収録
幸福の科学　特別説法堂《せっぽうどう》にて

1　天照大神に新しい政権に関してのご意見を訊《き》く　15
菅義偉《すがよしひで》首相の守護霊《しゅごれい》が気にしていた天照大神のお考え　15
戦後の高度成長期が終わり、停滞《ていたい》が三十年続いている日本　16
今は、「コロナ不況《ふきょう》に向かうかどうか」という状況　18

天照大神を招霊《しょうれい》し、今のお考えを伺《うかが》う　20

2　菅内閣の実力や政策、課題をどう思われるか　23

菅首相の「器《うつわ》」とは、そして「政権任期」は？　23

「自助・共助・公助、絆《きずな》」を掲《かか》げる菅内閣をどう感じているか　29

米中への「二股外交《ふたまた》」が大きな問題となって出てくる　33

3　安倍《あべ》政権への総括《そうかつ》と菅政権に求めること　36

日本と中国のどちらに所属するかという「台湾霊界《たいわんれいかい》」の問題　36

今、中国に、地球霊界とは違《ちが》うものが入り込《こ》もうとしている　39

日本霊界も、信仰心《しんこうしん》や霊界思想が極《きわ》めて弱くなっている　41

菅政権発足《ほっそく》に当たっての自民党中枢《ちゅうすう》部の意図を読み取る　42
「信仰の純粋化《じゅんすい》」が足りていなかった安倍政権　46
「信仰心なき国家は繁栄《はんえい》するに値《あたい》しない」と打ち出してほしい　50

4　コロナ感染《かんせん》と今後の経済的見通しについて　54

コロナウィルス感染は終わりに向かっているのか　54
「大きな政府」「小さな政府」の言葉の意味が分かっているか　58
首相交替《こうたい》の「本当の理由」や安倍氏の狙《ねら》いとは　62

5　価値判断なき日本政治の問題点　68

日本は「利で釣《つ》ろうとする国」に敗れる可能性がある　68

霊界や神を恥《は》ずかしいと思うこと自体が恥ずかしいこと　71
大学認可の審査《しんさ》は「国民をバカにした状態」　74

6　今の危機のなかにある天意とは　79

台風は神意を表す一つの方法である　79
皇室が現在まで存在できた理由は、「外見は神道《しんとう》、中身は仏教」　82
信仰心を否定する国ではなく、信仰心が溢《あふ》れる国と仲良くせよ　83
「世界を導く羅《ら》針盤《しんばん》がある」と伝えなければならない　86
「時代を超《こ》えて遺《のこ》すべきもの」を大切に育てよ　88
大事なことが伝わっていない現状を猛省《もうせい》しなければ、
危機は次々と起きる　92

7　霊言《れいげん》収録を終えて　96

〈付録〉菅官房長官《かんぼうちょうかん》（現・総理）守護霊の霊言

二〇二〇年九月二日　収録
幸福の科学 特別説法堂にて

1　出馬会見前に現れた菅官房長官（現・総理）の守護霊　101
「不成仏霊撃退祈願曲《ふじょうぶつれいげきたいきがんきょく》」に霊が反応してくる　101

「自分が大将で出ていいか、大川総裁の意見をお聞きしたい」 103
「モリカケ」「桜」問題に幕を閉《と》じるという役割が回ってきた 112
公約は、安倍さんがやるであろう政治を、一年は頑張《がんば》ってやること 115
リーダーでない者同士で世界を動かす「漂流《ひょうりゅう》の時代」へ 118
「私ねえ、あんまりPRしていないけれども、信仰心はあるんですよ」 120
総裁選への出馬を決意した気持ちを明かす 123
「冒頭《ぼうとう》解散がなければ、予算成立まではまずはないと思う」 127

2 国内外の諸問題に対する菅氏守護霊の考え 130

アメリカの情勢について意見を求められる 130
「何とか、とりあえず一年間、死守《ししゅ》」 134

安倍首相に表れていた「長期政権の弊害《へいがい》」 137
「私だけでは力不足」「大川先生からアイデアを頂きたい」 140
「天罰が継続《けいぞく》されるかどうか」を気にする菅氏守護霊 142
「〝ここの承認も取る必要がある〟と思って、ご挨拶《あいさつ》に来た」 146

3 菅氏および他の候補者への見解 151

あとがき 154

「霊言現象《れいげんげんしょう》」とは、あの世の霊存在の言葉を語り下ろす現象のことをいう。これは高度な悟《さと》りを開いた者に特有のものであり、「霊媒現象《れいばいげんしょう》」（トランス状態になって意識を失い、霊が一方的にしゃべる現象）とは異なる。

なお、「霊言」は、あくまでも霊人《れいじん》の意見であり、幸福の科学グループとしての見解と矛盾《むじゅん》する内容を含《ふく》む場合がある点、付記しておきたい。

天照大神《あまてらすおおみかみ》よ、神罰《しんばつ》は終わったか。

二〇二〇年九月二十三日　収録

幸福の科学　特別説法堂《せっぽうどう》にて

天照大神《あまてらすおおみかみ》（紀元前八世紀ごろ）

『古事記《こじき》』『日本書紀《にほんしょき》』に登場する日本の中心的な神。太陽神的性格を持つ。現在、伊勢神宮《いせじんぐう》の内宮《ないくう》の御祭神《ごさいじん》として祀《まつ》られている。幸福の科学の霊査《れいさ》では、現在の宮崎《みやざき》県・大分《おおいた》県のあたりに生まれた、高千穂国《たかちほのくに》の女王、すなわち日本最初の女帝《じょてい》ということが判明している。また、現代では、皇室や、神社系神道《しんとう》とは一定の距離《きょり》を取り、単なる日本民族の神から離《はな》れて、地球神とも力を合わせて、全世界の救済を心掛《こころが》けているということが明らかになっている。『黄金の法』『天照大神の御本心』（共に幸福の科学出版刊）等参照。

［質問者三名は、それぞれA・B・Cと表記］

1　天照大神《あまてらすおおみかみ》に新しい政権に関してのご意見を訊《き》く

菅義偉《すがよしひで》首相の守護霊《しゅごれい》が気にしていた天照大神のお考え

大川隆法　時の政権も、総理が替《か》わったところでありますが、日本もまだ危機的状況《じょうきょう》が、必ずしも終わっているとは言えないようなときなので、何かと新しい政権に関してのご意見を聞きたい方が多いのではないかと思いました。

今、総理大臣になられた菅《すが》さんがまだ官房長官《かんぼうちょうかん》のとき、「たぶん総理になるだろう」と、もうほぼ決まっていたころだと思うのですが、先日、守護霊《しゅごれい》が来られたときに、自分の守護霊霊言《れいげん》などをやっても、大したことがないし、中身がないのであまり意味がないため、天照大神《あまてらすおおみかみ》様のお考えのほうをお聞きしたいというようなことだったかと思います。まあ、信仰心《しんこうしん》はある方なのでしょう。

そこで本日は、届くかどうかは知りませんけれども、日本人や世界の人たちに、何か考えるよすがというか、そういうものでも出せたらよいかと思っています。

戦後の高度成長期が終わり、停滞《ていたい》が三十年続いている日本

大川隆法　日本は、長らく天皇制が続いているところではあるのですが、一九八九年に昭和天皇が亡《な》くなり、戦後の高度成長期も同時に終わってしまったと

いう感じがもうはっきりと出てきています。

一九八九年に日経平均が四万円弱、三万八千九百何十円か付けて、それからあと、暴落して、大きく上がることなく低迷《ていめい》し、九〇年代には、九一年の雲仙《うんぜん》普賢岳《ふげんだけ》の噴火《ふんか》や、九五年の阪神《はんしん》・淡路《あわじ》大震災《だいしんさい》、オウム真理教事件等もあり、そのあと、いろいろな金融《きんゆう》危機がたくさん来て、土地の暴落もありました。

二〇〇一年にはワールドトレードセンター等がテロに遭《あ》って、そのあとイラク戦争も起きました。湾岸《わんがん》戦争は九〇年代に起きていますが、イラク戦争も起きたのです。またそのあと、二〇〇八年にリーマン・ショック等も起きました。

このように、この三十年間は、客観的に見て、経済が停滞《ていたい》していたと思います。

今は、「コロナ不況《ふきょう》に向かうかどうか」という状況

大川隆法　そして、安倍《あべ》さんが先ごろまで二回政権に就《つ》いて、担《にな》われまして、「アベノミクス」というものを売り物にして日本の成長期をもう一回取り戻《もど》そうとしました。まあ、基本的な方向は、私たちが言っていることと変わらなかったのですが、こちらは「消費税上げはしてはいけないよ」と言っていたのに、二回も消費税上げをして、結局、腰折《こしお》れ状態になりました。高成長は望めない状況《じょうきょう》になったところに、今年からコロナ・パンデミックが流行《はや》ってきて、今、日本全体が萎縮《いしゅく》したような状態になっていると思います。

一方、去年、現上皇、先の天皇ご夫妻が引退ということになって、新しい天

皇が立たれ、平成が終わりました。まあ、三十年ぐらいでしたでしょうか。

それで、令和の時代になってグーッと世の中が明るくなるかなと思っていたのですが、コロナが流行ったことと、台風や大洪水《だいこうずい》が多かったこと、それから政界を揺《ゆ》るがすようなことが、いろいろと起きたこともありますが、今、「『コロナ・パンデミック』から『コロナ不況』に向かうかどうか」が、関心を持って見られているところでしょう。

公式には、すでに五百社以上は潰《つぶ》れたと言われています。まあ、会社という概念《がいねん》としてどうなのかは分かりませんが、お店ということであれば、街を見てみるかぎりは、もっともっとたくさん潰れています。いっぱい潰れています。これは、そうとうの数だと思います。これからどういう感じになるかは、ちょっと分からない状況です。

それから、新天皇になってからは、公式行事と思《おぼ》しきものが中止になることも多く、あまりよろしくないし、海外にも行けない状況になっています。これは日本だけのこととは言えませんけれども、何か天意《てんい》・神意《しんい》があるのかどうか、気になるところではあるのです。

天照大神を招霊《しょうれい》し、今のお考えを伺《うかが》う

大川隆法　今、安倍さんが体調不良ということで政権を降りられたので、実質上、禅譲《ぜんじょう》に近いかたちでありましたけれども、菅さんが総理になられて、滑《すべ》り出しとしては、歴代三位ぐらいの人気で好スタートをされたようには思います。現実に、安倍政権とほとんど二人三脚《ににんさんきゃく》でやっていたのですから、大きく変わる

ことはないでしょう。

ただ、トップが替わることで、「何かよくなるのかどうか」という期待が、ちょっと上がってきているところかと思います。

さあ、こういうときに、天照大神から何かご意見を伺《うかが》えればと思っています。そう長い話を聞けるとは思っておりませんので、まあ、お年寄りでも読めるような薄《うす》い本で、ゆったりした活字のものでいいので、要点だけでも何か伝えてくだされば幸いかと思います。

では、お呼びします。

それでは、天照大神よ、天照大神よ。

どうぞ、幸福の科学に降りたまいて、そのお考え、お心の内、あるいは現在の新しい令和の時代、あるいは新しい総理の政治の向かうべきところ、あるいは世界のこれからについて、お考えがあるところを教えてくだされば幸いかと思います。

よろしくお願い申し上げます（手を二回叩《たた》く）。

（約十秒間の沈黙《ちんもく》）

2　菅《すが》内閣の実力や政策、課題をどう思われるか

菅首相の「器《うつわ》」とは、そして「政権任期」は？

天照大神　天照です。

質問者A　本日はまことにありがとうございます。

天照大神　はい。

質問者Ａ　天照様には、今年の五月、コロナの最中《さいちゅう》にも「天照大神の御本心《ごほんしん》」ということでご神示《しんじ》を頂きました。

また、今回、新たな政権が確立するに当たり、日本の未来、世界の未来はどうなるかということについて、本日はお考えを頂ければ幸いでございます。

天照大神　うーん。

質問者Ａ　天照様におかれましては、以前、民主党政権のときに、名前の読み方は違《ちが》いますけれども、菅《かん》政権の

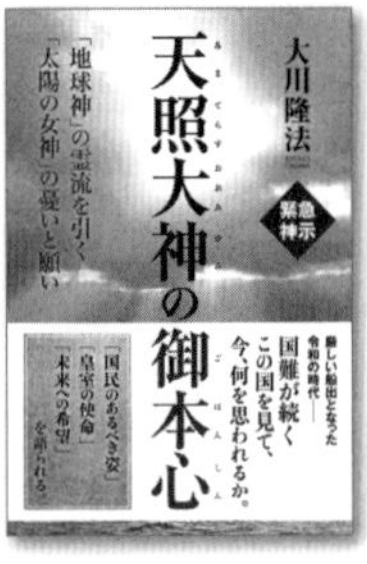

『天照大神の御本心』（幸福の科学出版刊）

『最大幸福社会の実現』（幸福の科学出版刊）

初期の段階でご神示を頂きました。

天照大神　うん……。

質問者A　そのときは、「このままでは、この国に災《わざわ》いが起きる」「必ず反作用が来る」「神罰《しんばつ》が近づいている」というようなお言葉があり、そのあと、東日本大震災《だいしんさい》というものが起こりました。

天照様には、やはり、この日本の大きな筋《すじ》、方向性が合っているのかどうか、このあたりをお聞きしたいという気持ちを、みな、持っているところでございます。

天照大神　うーん。

質問者A　今回、菅《すが》政権になりまして、菅さん自身については、ご本人の守護《しゅご》霊《れい》によれば信仰心《しんこうしん》はあると、日本の伝統の神様への信仰心もあるとおっしゃっています。

天照大神　うん。

質問者A　そのときに、天照様の御本心をお聞きしたいという様子もありましたので、まず初めに、この菅内閣についてのお考えを賜《たまわ》れればと思います。よろしくお願いいたします。

天照大神　うーん……。いや、ご本人（守護霊）も気になされていたとは思うのですけれども、まあ、本来的には、日本の総理大臣にまでなる人ではなかったのではないかなというふうに思いますね。

だから、本来の筋から言えば、まあ、よくて県知事ぐらいまででよかったかなと。そのくらいの方が国の総理をなされると、どういうふうになるかということですね。

お一人の力ではないので、他の大臣や、支える方々等の力もあるから、そういう人たちの力を生かせるかどうかにもよって、変わるかもしれませんが、ご自分一人の力と考えれば、「県知事に国政を委《ゆだ》ねた」というスタイルかと思います。

ですから、本来、「安倍《あべ》総理の病気再発によってそれを継承《けいしょう》して、継投《けいとう》する投手のように後を継《つ》ぐ」という趣旨《しゅし》でなら、短期間受け継ぐことは可能かと思いますが、「欲」のほうがもし立ってきたら、けっこう厳しくなって、再び違った種類の国難を呼び込《こ》むことはありえるかもしれないというのが、今の率直《そっちょく》な感想です。

ですから、ご本人の守護霊も少し語っておられたと思うんですが、自民党の総裁任期、あと一年、そのあたりを安倍氏の代わりにつなぐぐらいのつもりでやっている分には、大きな失政はなくて済む可能性はあるけれども、マスコミなんかに煽《あお》られて、「本格政権」とかいう気持ちになってやり始めると、器《うつわ》を超《こ》えて失敗をすることは、可能性としてはあるかもしれないと思っています。

「自助・共助・公助、絆《きずな》」を掲《かか》げる菅《すが》内閣をどう感じているか

質問者B　本日は、まことにありがとうございます。

天照大神　はい。

質問者B　菅《すが》首相については、条件付きの目でご覧になられていると理解させていただきました。現在、菅内閣が公式に発表している基本方針のなかに、目指す社会像は「自助・共助・公助、そして絆《きずな》」であり、「国民のために働く内閣をつくり、国民の期待に応《こた》えていく」とありました。

こういった姿勢について、天照様は、今、どのように感じていらっしゃいますでしょうか。

天照大神　まあ、言っておるとおりであれば、それは結構なことかとは思うんですけどねえ。

ただ、彼の場合、言っていることと考えていることが違う場合が多いように見受けるので、そうした二重性というか、仮面性はあるので。仮面を被《かぶ》っているところはあるように思うので、これがどの程度まで一致《いっち》してくるかということですね。

「自助」っていうのも、自分でやれることは自分でやってのけるということだろうし、「共助」は、家族や、親族や、友人や、近所、まあ、会社の人とかね？　そういう、助け合えるものは助け合っていこうということで、「公助」は、最後、セーフティネットとして国家が働くということですから。大きな考えで言えば、自助論の枠組《わくぐ》みのなかに入っていて、「小さな政府を目指す」ということになるはずであるのですが。

考え方の……、これは、安倍政権の継承もあるかもしれませんが、「考え方の方向性」は、その言葉とは違って、やや、国家による国民の管理を強めていこうとしているように見えなくはないですね。

例えば、マイナンバー制で、全国民を数字だけで、すべての状態をチェックできるようにしようとしていこうと、まあ、中国化するような動きもありますし。

先日出ていたのは、「三十九歳《さい》以下の男女が結婚《けっこん》する場合には六十万円支給する」っていうようなことで、補助するということで。何のためかというと、結婚費用とか、新居の敷金《しききん》・礼金、家賃等の補助というようなことで、出産奨《しょう》励《れい》ということで、まあ、若い人を増やしたいということなんだと思いますが。

それはそうであってほしいとは思う気持ちもある反面、人間は、まあ……、昆虫《こんちゅう》じゃないので、そういうかたちでコントロールできるわけではないという面もございます。

だから、そういう、うーん、何て言うかなあ、国絡《くにがら》みで社会主義的な支援《しえん》がなかったころのほうが子供は増えて。

要するに、子供が増えるのは、将来、国とかが面倒《めんどう》を見てくれない、地方公共団体等が面倒を見てくれないので、まあ、自助・共助のレベルですよね？なるべく、自分の老後のためとか一族のために、やっぱり増やしておかないと危ない、あるいは病気なんかのときのために、死んでいく人も多かったというようなことで、戦後、出産が増えたんだと思いますからね。だから、若干《じゃっかん》、その言っていることとやっていることは違っているんじゃないか。

米中への「二股《ふたまた》外交」が大きな問題となって出てくる

天照大神　また、「Go To《ゴー　トゥ》 どこそこ」という旅行のキャンペーンとか、「Go To イート」みたいに「飲食店に行こう」というようなもので補助金を出すとか、こういう考え方も、少し、私には分かりかねるものがあって。

要するに、あまりにも個人、家庭の領域にまで国家が手を伸《の》ばしているように見えて、コントロール下に置こうとしているように見えるんですよね。

例えば、中国なんかが、海外旅行は国のコントロール下に置いていて、自分が友好を促進《そくしん》しようと思うようなところに海外観光客を送り込んで、そして、向こうがそれを受け入れる態勢をつくったら、観光客を減らしてみたり増やしてみたりして揺《ゆ》さぶって、だんだん中華圏《ちゅうかけん》に取り込んでいくというようなことをやっておりますけれども、こういうものの影響《えいきょう》を少し受けすぎているのではないかなというふうに感じています。

また、さらには、「日米同盟の強化」と「日中の経済協力の推進」というもの、この安倍政権時代の、何と言いますか、「二股《ふたまた》外交」、これをそのまま引き継ぐことになるので、これが今、今年いちばん問題になってきつつあるところであると思います。

おそらくは、もとのように海外からの観光客を呼び込んで、観光客を六千万人ぐらい来るところまで呼ぼうとしているのでしょうけれども。まあ、大きなところは、まだコロナの第二波、第三波に襲《おそ》われていて、呼び込めるどころではなくて、「コロナが収まった」と称《しょう》している中国あたりの観光客を呼び込むことが中心になるのではないかなと思われるので。ここのところは政策の衝突《しょうとつ》が起きて、アメリカ寄りか、中国寄りか、それとも独自路線で行くのか、いずれ、外交のところで、この人の進退窮《きわ》まる問題は出てくるのではないかと考えています。

3 安倍《あべ》政権への総括《そうかつ》と菅《すが》政権に求めること

日本と中国のどちらに所属するかという「台湾霊界《たいわんれいかい》」の問題

質問者C　本日は、ありがとうございます。今、外交についてのお話がございました。

先般《せんぱん》、李登輝《りとうき》元台湾《たいわん》総統が亡《な》くなられ、日本からは森《もり》元首相が台湾での告別式に参加されました。

その際に、菅《すが》総理が蔡《さい》総統との電話会談に前向きだというお話もあったのですが、そのあと、すぐに〝火消し〟もあり、まさに「二股外交《ふたまた》」を引き継《つ》ぐことによる、いわゆるダッチロールの状態が見え隠《かく》れしております。

今は、アメリカや欧米《おうべい》諸国も、中国政府の人権問題について批判をしていますが、本来、日本としても、アジアのリーダーとして言うべきことがあるのではないかと思います。

天照様は、日本は、台湾との関係で、どのようにリーダーシップを取っていくべきだとお考えなのでしょうか。

天照大神　まあ、台湾に関しては霊界《れいかい》でも問題は起きておりまして。台湾霊界、二千数百万人ぐらいの地上人口ですけれども、台湾霊界が、日本霊界のほうに入るのか、それとも、中国霊界のほうに入るのかという問題はありまして、どちらの霊界に所属するかによって、転生輪廻《てんしょうりんね》の枠組《わくぐ》みが変わってくるということなんですね。

台湾霊界の、要するに、亡くなられた方、先ごろ、この七十数年で亡くなられた方々は、日本霊界に還《かえ》ってきている方が多いんです。だから、台湾の信仰心《しんこう》がある方々が祀《まつ》る先祖というのは、日本霊界に還っている方が多いんです。

実は、これは朝鮮《ちょうせん》半島もそうなんですけれども、日本霊界に還っておられる。だから、いちおう、日本の神の支配圏《けん》に入ってはいるのですが、今は北京《ペキン》政府のほうが、そこを一国一制度に持っていこうとしておりますので、完全に領土を制圧されて北京政府と同じ原理で動くようになりますと、霊界でも〝綱引《つなひ》き〟と「生まれ変わりの問題」は出てくるということになりますね。

今、中国に、地球霊界《れいかい》とは違《ちが》うものが入り込《こ》もうとしている

天照大神　台湾霊界《れいかい》にいる人たちは、もちろん、自分が霊界の住人であることは知っているし、転生輪廻の仕組みも知っているけれども、その北京主導型霊界にいる人たちは、霊になっても自分が霊であることを知らない人が数多くおりますので、一種、地球全体で見るかぎり、異物《いぶつ》感がある存在にはなっています。

だから、自分が霊体《れいたい》であることを知らない人たちが、地上に極《きわ》めて近い霊界において共存している状態になっております。

これは大きな問題で、地球全体七十八億人の霊界から見ると、十四億人近い

霊界が大きな皮膚《ひふ》ガンに罹《かか》っているような状態に、現在なっておりまして。私たちは、これをどうにかしなくてはいけないと考えているのですけれども、まあ、彼らはそうは思っておらず、「霊界」と「地上界」を切り離《はな》そうとする傾《けい》向《こう》が非常に強く出てきています。

そして、地球霊界のそういう上層部から中国領域を切り離すと、ここに地球霊界とは違《ちが》うものが差し込《こ》んでこようとしている傾向が、今、出てきています。

要するに、他の、地球霊界の高級神霊《しんれい》たちの合意を得ていない者たちが、「中国侵略《しんりゃく》計画」を持っていて、ここに、霊を信じない人たちのところに入り込もうと、ここ数十年してきておりますし、二〇〇〇年を越《こ》えてから特に激しく動いてきているので、まあ、大きな大きな問題が、今、発生してきつつあります。

日本霊界《れいかい》も、信仰心《しんこうしん》や霊界思想が極《きわ》めて弱くなっている

天照大神　一方、日本霊界《れいかい》のほうも、そうした信仰心《しんこうしん》や霊界思想が極《きわ》めて弱くなっております。

アメリカの大統領はまだ「神に祈《いの》れ!」というようなことが言えるわけですが、日本の国会にて首相とかがそういうことを言ったら、たちまちマスコミの追及《ついきゅう》を受けてバッシングされるというようなことがあります。

以前、森首相が在任中のときに「神国《しんこく》日本」と言ったのを、マスコミに激しくバッシングされたと記憶《きおく》しております。

これは何も間違ってはいないのであって、その「神」というのが、狭義《きょうぎ》の神《かみ》

仏《ほとけ》、その他のいろんな宗教があるというかたちで分散して、特定の宗教だけの応援《おうえん》でほかを切るというようなことであれば、問題が起きることもありますけれども、一般的に「神の国」と言うこと自体は、別に構わないことでありますので。

まあ、国柄《くにがら》としてはアメリカとは違っていて、中国の引力《いんりょく》も、今、強くなってきているという、こういう境目ですね。

菅《すが》政権発足《ほっそく》に当たっての自民党中枢《ちゅうすう》部の意図を読み取る

質問者A　天照様は五月のときに、「この国の政治のなかに不浄《ふじょう》がある」とおっしゃっていました。

この状況《じょうきょう》は、おそらく、新政権も引き継いでいるものが多いので、ほぼ変わらないのではないかと思うのです。

実は、菅《すが》総理の守護霊《しゅごれい》がこちらに来られたときに、「安倍《あべ》政権のなかで、去年あたりからも、神罰《しんばつ》・天罰的な傾向が非常に強かった。それが、はたして、自分の政権になって引き継がれるのかどうか。このあたりについてもお伺《うかが》いしたい」というような様子でもいらっしゃっていましたので、このあたりについてお聞かせ願えればと思います。

天照大神　まあ、基本的に、菅政権の意図というか、そういうふうになった理由は、安倍二期政権、七年九カ月近くあったかと思いますが、これを成功であったんだと見せる、そういう使命を託《たく》されたということかと思うんですよね。

野球にたとえれば、いくら八回まで大差で勝っていたとしても、九回で逆転されたら、それは、負けは負けですからね。

そういうふうに、「安倍政権が失敗政権であったという印象づけをしないように、あとを中継ぎして、その間に、政権が責められていた部分について風化《ふうか》させよ」ということが、中枢《ちゅうすう》部の合意ではないかというふうに思いますね。

まあ、もっと簡単に言うならば、検察庁の検事総長人事問題等があって、マスコミ圧力で検事総長が別の人に替《か》わったことによって、本気になって、「桜を見る会」とか、「モリカケ」とかいわれている学校の問題等を、全部、蓋《ふた》を開けられたり、あるいは、前法務大臣夫妻の政治資金問題の流れを全部解明されてしまった場合は、安倍長期政権の「功《こう》」の部分が忘れられて、「罪《ざい》」の部分が表面化してきて、場合によっては、自民党がまた何年も野《や》に下《くだ》ることがありえるということを恐《おそ》れて……。

まあ、本来の、託された使命は「隠蔽《いんぺい》」だと思います。

また、菅さん自体は、愛読書として、はっきりとマキャベリ『君主論《くんしゅろん》』を挙《あ》げておりますので。これは、権謀術数《けんぼうじゅっすう》を肯定《こうてい》する政治学ですね。まあ、「近代政治学の祖」ともいわれているけれども。権謀術数を旨《むね》とする政治学というのは、天照大神以下、日本の神々が是《ぜ》とする政治学ではありません。「神の心と地上の指導者の心を一致《いっち》させて政《まつりごと》をする」というのが、この日本における、神と人間とをつなぐ政治・宗教の思想です。だから、ここは明らかに違っています。

だから、これがどこまで表面化してくるのか。すなわち、この世において身につけた手法、経験、知識等が……、信仰心がたとえあるといっても、現実にやることは、自分が学んできたことを実行していくだけであるならば、これは、大きな「次なる神罰」を呼び込む可能性はあると言わざるをえません。

「信仰《しんこう》の純粋《じゅんすい》化」が足りていなかった安倍《あべ》政権

質問者A　今、「この政権の使命は、前の政権の隠蔽にある」とありました。そうしますと、まず最初に、この安倍《あべ》政権の総括《そうかつ》をもう一度やらなければいけないのではないかと思います。これについて、もし、ご意見があればお願いいたします。

天照大神　うーん。まあ、安倍政権以前の民主党政権下では、確かに、日本の国が本当に左寄りになって、中国詣《もう》でで、北京詣でをし始めて、朝貢《ちょうこう》外交に入るような感じにもなっていましたので、それに比べれば、右寄りとまでは行かないかもしれないが、やや中道《ちゅうどう》に戻《もど》したところは、功績としてはあるかと思います。

ただ、平成の世は、平成天皇の考え方がどちらかといえば、その民主党の考えに近かったのではないかなと思います。そういう考え方が成長を阻《はば》み、後進国であった中国の躍進《やくしん》と、その後塵《こうじん》を拝《はい》するような日本を招いたということはあるのではないかというふうに思っております。

まあ、鳩山《はとやま》氏等も別の意味での信仰心《しんこうしん》は持っていたのかもしれませんが、彼の持っている信仰心というのは、もうちょっと、「神なき信仰心」でしょうねえ。だから、「〝弱者〟だと彼らが思っている人たち」に優《やさ》しいことが信仰心だと思っている考え方かと思いますね。

まあ、これは、キリスト教なんかで言えば、キリスト教の一部の面はそうなっていますが、他の面を見ていない考え方でありましょうね。それから、「徳」というものを、やはり忘れた考え方ではあったのかなという気はしています。

まあ、自民党政権はそこまで中国寄りではありませんけれども、表立って対決したり批判したりできるところまでは行っていませんので、今、「トランプ大統領と日米同盟の強化を確認する」といっても、心はすれ違っている可能性は、現時点ではあると思いますね。

安倍さんの場合は、おそらく、でも、たとえトランプ大統領であっても、ヒラリー大統領であっても、同じようなことはしていると思われるので、そういう意味では、「思想なき親米政権」ではあったのではないかという気はしますし。

信仰心はあるとしても、信仰心が具体的な神を思い描《えが》いての信仰心ではなくて、薄《うす》らぼんやりとした霊界観のなかにある、さまざまな種類の霊的存在をまとめて「神」と総称《そうしょう》して、例えば、狐《きつね》も天狗《てんぐ》も妖怪《ようかい》も、みんな神として祀《まつ》り上げ、ときには祟《たた》りを起こしている〝祟り神〟をも神として祀り上げるような、日本神道《しんとう》のなかでの非常に価値判断の弱い信仰観を持っていたのではないかなあというふうに思っていますので、そういう意味で、「信仰の純粋《じゅんすい》化」が足りてはいないなあという気持ちは持っています。

まあ、ゼロではないが、ゼロではないがどちらかといえば、うーん……、まあ、中国の霊界が、限りなくこの三次元世界と密接な霊界だとするならば、せいぜい五次元ぐらいまでの霊界を「神々の国」と思っているぐらいの思想ではないのかなあという気はします。

「信仰心《しんこうしん》なき国家は繁栄《はんえい》するに値《あたい》しない」と打ち出してほしい

質問者B　ありがとうございます。ただいま頂きました安倍政権の総括と、菅新政権に対して天照様が懸念《けねん》されるところを踏《ふ》まえまして、限定的かもしれませんが、菅政権、菅首相に、天照様が現時点で期待されること、また、日本はどういう方向を目指していくべきなのかについて、お言葉を賜《たまわ》りたいと思います。

天照大神　結局、彼（C）が言われた、中国の香港《ホンコン》・台湾等の問題は、信仰心《しんこうしん》の問題でもあるわけで、「信仰心のある国が世界をリードしていくか。信仰心のない国が強国化していくのが地球にとってよいのか」という問題でもあるわけなんで。

まあ、菅総理に関して言えば、どこまでそれを明言できるのかは分からないけれども、「信仰心なき国家は繁栄《はんえい》するに値《あたい》しない」という考え方を、はっきりと持っていただきたいし、打ち出していただきたいなと思います。

安倍首相の代で、例えば、教育に関して、宗教を重んじるようなことを法改正でしたとは思うんだけれども、現実には、そうした重さは全然出てきていないし、教育における、そうした中心軸《じく》が抜《ぬ》けているために、教育を受けて高学歴になった方々のなかで、今、官僚《かんりょう》やマスコミ、それから、世間《せけん》の、ある程度の影響力《えいきょうりょく》を持っている大企業《だいきぎょう》に入られて、それを動かしておられる方々が、

「信仰なき実用主義」でこの国を動かしているように思います。

高度成長期も、「エコノミック・アニマル」として海外から批判されましたが、経済成長が止まった段階では、このエコノミック・アニマルでさえなくなって、何ら目標のない国家に、今、なっているように思えるので、日本という国が大きな磁場《じば》を持って、他の国々から頼《たよ》りにされ、また、感化するようなものであってほしいという願いは、私は持っています。

ですから、「日本神道への信仰」といっても、漠然《ばくぜん》としたものであってはならなくて、そのなかで、欧米の信仰観、宗教観とも共通するような、人々の模《も》範《はん》とできるものを取り出していくことはよいことだと思いますが、あまりに民族主義的なものが強すぎる考えや、あるいは善悪を峻別《しゅんべつ》できないような価値観の宗教が、あまり政治的に支援されるようであっては困るのかなあということを考えています。

質問者B　ありがとうございます。

4　コロナ感染《かんせん》と今後の経済的見通しについて

コロナウィルス感染は終わりに向かっているのか

質問者B　本日は、「神罰《しんばつ》は終わったか」というタイトルも頂いていますので、伺《うかが》いたいと思うのですが、年初から始まったコロナウィルスの感染《かんせん》被害《ひがい》に関しては、やはり神罰の面があると考えています。

天照大神　うーん……。

質問者B　現時点において、日本では、やや収束《しゅうそく》に向かいつつあるように受け止められ、さまざまな規制も緩和《かんわ》の方向に向かっています。

また、先日の菅《すが》さんの守護霊《しゅごれい》は、「コロナ対策は、まだ一年や二年は続く可能性があると思っている」と言っておりました。コロナウィルス感染は、もう終わりに向かっているのか、そうではないのか、今後の見通しについてお教えいただくことはできますでしょうか。

天照大神　終わりには向かっていませんね、ええ。だから、一時的にそういうふうに見えることはあるかもしれませんが、今、蔓延《まんえん》している国を見れば、アメリカやインド、ブラジル、ロシア、ヨーロッパ等の国で、日本がもっともっと緊密《きんみつ》な関係を築いていかねばならない国に広がっておりますね。

それで、「広がっていない」と称《しょう》されているのは、中国とオーストラリア、ベトナム、ニュージーランド、このあたりの国だと思います。そして、オーストラリアと中国が、今、コロナウィルスについての見解で、激しく外交戦を繰《く》り広げているように聞いています。

それは、オーストラリアの「中国・武漢《ぶかん》発のコロナウィルス」の国際的調査の要請《ようせい》に、北京《ペキン》の報道官が憤然《ふんぜん》として怒《いか》って、「外交上の重大問題だ。中国を侮辱《ぶじょく》した。犯人扱《あつか》いした」ということで、北京特派員等を拘束《こうそく》するとかですね、あるいは、アメリカにやられたように、「オーストラリアからの輸入に関税を課す」とか言って、エスカレートしてきて。オーストラリアのほうは、アメリカと一緒《いっしょ》になって、この価値観の戦いをしようとしているという、まあ、そういう関係になります。

こういうことになりますと、これから観光業等で国力を維持《いじ》しようと考えるならば、ほとんど中国一本になってくる可能性は高いので……。

先ほど言った、いちばん根本的な「アメリカ 対 中国」は、実はもう、戦争はいつ始まってもおかしくないぐらい、準備は進んでおります。それで、どちらを取るのかといったときに、即答《そくとう》できるかどうか。

まあ、菅さんの言い方から見れば、立て板に水のごとく、意味のない言葉を言うが、結論がない言葉だと思いますね。だから、「諸般《しょはん》の事情を考慮《こうりょ》し、諸外国ともよく相談しながら、善処《ぜんしょ》したいと思います」というふうな言葉に、たぶんなると思いますので、こういう言葉を使うリーダーは不適切、現時点では不適切と思われます。

宰相《さいしょう》になった段階で、この価値判断を明確に、国民や外国に対して発信できるかどうかが、重要なところではないかというふうに考えています。

「大きな政府」「小さな政府」の言葉の意味が分かっているか

質問者C　今、価値判断ということで、菅首相が前政権から引き継《つ》いでしまっているものの一つに、「消費税の増税」の問題もあろうかと思います。

コロナ禍《か》もあり、これからも経済的な停滞《ていたい》が続くと思われますが、日本のなかに、根強く消費税を上げる増税路線があります。

菅首相からは、消費税の増税は今後十年は必要ないが、その後の引き上げは容認する発言もありました。

本来、国民を豊かにする政治であるべきですが、税金の考え方にも、おそらく不浄《ふじょう》なものが入ってしまっているようにも思えます。

天照大神様からご覧になって、国の繁栄《はんえい》と税の関係につきまして、何かご示《し》唆《さ》を頂けましたら幸いに存じます。


天照大神　まあ、立場を変えれば、人はそうなるのですけれどもね。自分たちが支配している階級に立つと、権限が大きければ大きいほどよいので。

権限を大きくするにはどうしたらよいかというと、たいていは、法制度を自分たちに有利な、体制を維持できる方向につくること。

次には、税金収入を高くすること。その次は、軍事的な力を国民を黙《だま》らせる方向で使うこと、軍隊、警察を含《ふく》めて。国民で、自分たちに対して反抗《はんこう》的、反発的、反乱の要素があるものは、弾圧《だんあつ》をかけること。

こういう方向に向かう傾向《けいこう》があります。

ただ、心配されるのは、菅首相が、「大きな政府」「小さな政府」という言葉の意味が分かっているかどうかということですよね。彼らから言えば、「『大きな政府』ほど、いいに違《ちが》いない」と思っている可能性もあります。「『小さな政府』は無力な政府」と思っていますから、それは、統制の利《き》かない無政府状態のようなものを想像してしまいます。

ですから、「Go《ゴー》 To《トゥ》 トラベル」か何かで旅行を増やそうとしたり、食べ物を食べさせようとしたりしていますが、その間《かん》、国民は、「巣ごもり」といって、「自宅で、仕事もなく、部屋のなかにいろ」ということを強制されておりましたので、お金も使ってはいないはずなので。そうした、お金で、まあ、呼び水にして、人を動かそうとしているような、そういう考え方がね、やはり、「大きな政府」の考え方であるということを、ひとつ悟《さと》らなくてはならないのではないかと思いますね。

政府や、そうした地方自治体の長《ちょう》の命令によって、「家から出るな」、「会社に行くな」、「旅行はするな」、消費は……、要するに、「あちこち買い物に出かけるな」、「旅行もするな」、「海外も行くな」ということで、全体に経済が落ち込《こ》んでいるのであって。

まず、その規制の問題から始まっていることであるので、その規制を撤廃《てっぱい》するところから物事は考えていかねばならないのに、何か、そうした政府の責任、あるいは、東京都なら東京都の責任を追及《ついきゅう》されないために、そうした〝新しいキャンペーン〟をつくり出して、国民やマスコミの目を違ったほうに向かせようとする傾向は、明らかに見えますね。

首相交替《こうたい》の「本当の理由」や安倍《あべ》氏の狙《ねら》いとは

天照大神　表立ってはおりませんが、まあ、安倍《あべ》首相の容態がどの程度悪いかは、国家機密であろうから言ってはならないのであろうと思うけれども、安倍首相から菅首相に交替《こうたい》した「本当の理由」は、四月からの、学校を「全面休校」させたこと、これが原因だと私は見ています。

安倍首相の判断、まあ、下の首相補佐官《ほさかん》の意見もあったとは思いますけれども、（その）判断で、学校に登校できなくなった。当時は感染者ゼロであった岩手県であっても、学校を、要するに閉鎖《へいさ》してしまった。そして、七月ごろから、ようやく開放しようとした。

この間、国民には、もう、外出制限から出社制限、旅行制限、それから、買い物に行くことの制限、いろんなものがかかってきていて、さらに子供を家で引き受けねばならないということが起きて。まあ、菅さんは子供が何人かおられるから、そのへんの意味は分かったと思うが、安倍首相のほうはよく分からなかったようで、事前に阻止《そし》したほうが有効だと思ったのでしょうけれども、この間、国民が受けた精神的なダメージはかなり大きかったと思います。

ですから、本当は「学校に行くな」といった判断に間違いはあったと思われるのですが、これを追及されないように、内部的な、まあ、阿吽《あうん》の呼吸で。菅さんのほうは、「学校は勝手に止めないほうがいいのではないか」と……、だから、文科大臣も知らず、官房長官《かんぼうちょうかん》も知らないところで、安倍首相が学校休校を言ってしまったあたりで、実は内紛《ないふん》はあったと思われますが、この責任を実は取らされたということは、あったのではないかと思います。

家庭における、そうした〝重さ〟ですよね。家庭の〝負担の重さ〟というのは大きかったと思う。家よりは学校のほうが大きいですからね。そこで自習しても、給食を出してくれてもありがたかったと思うが、学校も休み、児童館も休み、公園も休み。行くところがないですね。このへんのところの国民の不満を、顔を挿《す》げ替《か》えることでそらして、逃《に》げ延びようとしています。

だから、「桜」「モリカケ」だけでなくて、「学校休校問題」が本当に正しかったのかどうかということで、感染症《しょう》学者の「3密理論」を盾《たて》に取って、脅《おど》して脅して、やっておったけれども、現実には無駄《むだ》であった可能性があるし。

国がつくり出した政策により、新幹線も飛行機も、まったく、倒産《とうさん》へ向かってまっしぐらのコースであったのを、これをどの程度の税金を使って今後立て直すのか、あるいは潰《つぶ》してしまうのかという大きな政治判断もあるので。まあ、これも、菅氏が耐《た》えられるかどうかはまだ分からないところはあるというふうに思っています。

まあ……、マスコミも賢《かしこ》いようで賢くないところがありますので。

学校に行かせないようになって、次に、「みんな病院へ」と言っていたのが、「病院崩壊《ほうかい》」ということも言い出したし。結局、治す方法は特にはなかったので、体力がある人は自力で回復し、そうでない人は、お年寄り等は亡《な》くなったということではあるのですけれども。まあ、マクロ判断においては、やや欠けるものはあったのではないかなというふうに思っていますし。

たぶん、菅さんに委譲《いじょう》した本心の裏には、あと一年の総裁任期が終わったら、健康が回復したら、安倍氏がもう一回、「三選」を考えてのことであったと思われます。

岸田《きしだ》氏とか、もう一人の石破《いしば》氏とかがやった場合は、本格政権をつくられる恐《おそ》れがあって、もっと、次々とバトンタッチされていく恐れがあるので。

菅氏の場合でしたら、一年ぐらいやって、「任に堪《た》えず」で〝大政奉還《たいせいほうかん》〟して、もう一回、安倍政権、まあ、〝プーチン方式〟ですね、（それ）も想定してやっているはずですので。

それまでに、「桜」「モリカケ」問題の追及が終わっておれば、まあ、成功ということになるのだと思いますが。

こうした権謀術数《けんぼうじゅっすう》的なものが背景で渦巻《うずま》いていて、マスコミと国民を籠絡《ろうらく》できると思っているなら、このへんについては、政権に雲がかかっている状態は晴れませんね。

5　価値判断なき日本政治の問題点

日本は「利で釣《つ》ろうとする国」に敗れる可能性がある

質問者A　今、「次にまた安倍《あべ》氏が狙《ねら》っている」という衝撃《しょうげき》的なお話をお伺《うかが》いしたのですけれども、今回の総裁選を見ていると、石破《いしば》氏にせよ、岸田《きしだ》氏にせよ、日本を本当に任せられるのだろうかという疑問が残りました。

ただ、天照様のご意見をお伺いしますと、そうは言っても、菅《すが》総理が欲を出して長期政権を狙った場合にも、国は危ないことになります。そうしますと、今は本当に選択肢《せんたくし》がない状況《じょうきょう》であり、今後この国はどのようになっていくのでしょうか。

天照大神　いや、「選択肢がない」ということを自覚することが大事なんです。現政権でも駄目《だめ》。だけど、立憲民主党は（安倍）政権前の民主党政権と変わらないということですし、まあ、時代錯誤《さくご》ですよね。「戦後のマッカーサー憲法をあくまでも死守せよ」と言っているような政党ですので。これは完全な復古政党であり、守旧《しゅきゅう》政党であり、アメリカがやったことを反米に使う政権ですわね、そういうことで。

アメリカのほうは「もう変えたほうがいい」と言っているのに、変えようとしないで、これは、結果的には親中になりますわね。

まあ、どっちみち、今の自民党であっても、二階《にかい》とかが幹事長を続投している以上、「親中路線」は続くし、創価学会《そうかがっかい》との連立も「親中」を意味しておりますので、その術中から完全に逃《のが》れることができませんわね。

必要なことは、上に立つ者が、これは善なのか、悪なのか、いろんな事件・事態について判断することですよね。

ですから、言葉としては、中国などは、「国連と一緒《いっしょ》になって、世界と協調してやっていきたい」と言い、アメリカが「国連とかWHOとか、そんなものはもう相手にしていられない」というような感じで一国主義でやっているのが、「これは分離《ぶんり》主義だ」と言って、この価値判断を分からなくしようとしていますわね。

これは、やはり、「神仏の心が分からない」ということが、まあ、大きいことですが、政治家のレベルはそのレベル。日本もそうだろうと思いますので。価値判断がつかなければ、利害だけで物事は考える。「どっちが利があるか」ということばっかりで考えるようになるので、利をもって釣《つ》ろうとする国があったら、それに敗れる可能性はあると思います。

霊界《れいかい》や神を恥《は》ずかしいと思うこと自体が恥ずかしいこと

質問者A　いずれにしても、この国自体においては、信仰《しんこう》について、天照様もおっしゃる「政治の上に信仰がある」という考え方が、ほとんどありません。世界的にもそういう潮流があるように思いますが、ここにおいて、宗教勢力が、どのように動いていけばいいのかということについて、お伺いできればと思います。

天照大神　まあ、とにかく、学問というのはね、基本的に信仰を対象としていませんからね。

「学問で、この世を分析《ぶんせき》したり、この世での物事の判断ができないということはない」というふうな考え方に間違《まちが》いがあることに気づくことが大事で。その学問の対象を超《こ》えたところに信仰はあるので、信仰の領域を学問で分解しようとすると、まったく意味のないものになってしまうんだと、考古学の類似型《るいじ》や古文書学《こもんじょがく》の仲間になってしまうんだということ。

神は古代だけにいたわけではなく、現代にも存在している。その神とのつながりを断《た》つ行為《こうい》というのは、原則、悪であるんです。それに気づいていないので。

今、「現政権側も駄目だが、野党側も駄目」と申し上げましたが、これが意味しているものは、日本のあるべき姿として、信仰を根本《こんぽん》とした、そして、欧《おう》米《べい》のなかでの優《すぐ》れた価値観としてまだ残しているものをも内包した、そうしたものの考え方を立てた政治運営が必要だということですね。

まあ、マスコミ等も、そうした面では、「霊界《れいかい》」とか「あの世」とか「神」とか「仏」とかいうことが、恥《は》ずかしいことだと思っているんだろうと思いますけれども、「そういうふうに思っているということ自体が、恥ずかしいことなんだ」ということを知っていただきたい。

この意味においては、神罰《しんばつ》はまだ足りていないと考えます。

大学認可の審査《しんさ》は「国民をバカにした状態」

質問者A　先般《せんぱん》、萩生田《はぎうだ》文科大臣が生霊《いきりょう》となって来たことがありました。

天照大神　はい。

質問者A　そこでおっしゃっていたのは、「安倍さんの病気は天罰だろうと思う」ということです。「ちょうど幸福の科学大学が大学申請《しんせい》を取り下げて、そのあと安倍さんは病気で降りた。これは天罰があるんじゃないか」というようなことを彼の生霊はおっしゃっていましたけれども、このあたりは……。

天照大神　（天罰が）「自分にはない」と思っているのですか？

質問者Ａ　「自分にはない」と思っているようです。

天照大神　安倍さんにだけあって、「自分にはない」と？

質問者Ａ　「自分の命は助けてほしい」と。

天照大神　（笑）それはどうですかね。

文科大臣なる者に何の力もないことを証明してみせた。そして、再任された。

ここは、何か釈明《しゃくめい》は要《い》るんじゃないですかね。

「上に乗っているだけで、やっている仕事は下がやっていて、自分は関係がない」と言うんでしょう? そういう社長は会社でも存在できませんが、大臣でも首相でも、そういうのは困るので。みんなが天皇陛下《へいか》みたいに責任がなく、補佐《ほさ》されているだけで、〝飾《かざ》り〟として存在するという考え方が、これが日本的考え方だと思ったら間違いで。

本当に徳のある人は、自分の手の届かなかったところまで責任を感じるのが本当であって。萩生田氏が、文科大臣をやりながら、幸福の科学大学をスーッと認可できなかったことに責任を感じて辞任するぐらいなら、まあ、それは真っ当な人間だと私は思いますよ。

でなければ、頑張《がんば》って、それは、「今、こういう大学がなかったら、この国の先はない。未来がなくなる」と……。

「未来の大学は必要だ」ということを思えないならね、単に、「税金の投入先が増えるのが嫌《いや》だ」とかで、もう学校はつくれない。人口が減っているから、私立大学はこれから何割も倒産《とうさん》していくことになっているので、新しいのをつくられると、既存《きそん》の大学は倒産が早まる可能性もあるわけですから。

まあ、そういう意味で、既存の大学の関係者が審査員《しんさいん》になって、そうした新設大学を審査するというのは、まったく、これはライバルに潰《つぶ》させているようなものですので、間違っていると言わざるをえないですよね。

「新しい大学なんか要らないし、市場原理から言えば、魅力《みりょく》的な大学は大事なんですが、魅力的な大学ほど要らないので、もっともっと魅力の落ちる大学で、権威《けんい》がなくて、みんなが入りたくなくなるような大学なら認可する」という、まあ、そういうふうなかたちで。

結局は、欲《ほ》しいのは、「官僚《かんりょう》の天下《あまくだ》り先が欲しい」と。これくらいのことであるなら、まったく「国民をバカにした状態」でありましょうなあ。

神罰は下《お》りますよ、また。

6　今の危機のなかにある天意とは

台風は神意を表す一つの方法である

質問者B　神罰《しんばつ》ということで伺《うかが》いたいのですけれども、安倍《あべ》さんが辞任を表明して、その後の九月上旬《じょうじゅん》に〝日本観測史上最大級〟と予想された台風が九州方面に来ました。

天照大神　ええ。

質問者B　このときに、宇宙存在のヤイドロン様から、「日本の神様の系統のご意志が感じられる」というお話がございました。

　このあたりに関しまして、現在も、台風がやって来る予報が出ているのですけれども、どういったご意図があられるのか、お教えいただければ幸いです。

天照大神　まあ、「台風」は、いろんな要因がございますけれども、神意を表す一つの方法ではありますので。「悔《く》い改め」を要求しているんですよね。だから、それがなければ続く。

『UFOリーディング
地球の近未来を語る』
（幸福の科学出版刊）

特に最近は九州の一部地域には水害が多いですし、沖縄《おきなわ》もその対象になっていますし。その台風の行き先は、朝鮮《ちょうせん》半島、韓国《かんこく》や北朝鮮を通り、そして、中国の東北部も直撃《ちょくげき》しておりますので。

まあ、中国には〝別の意味〟での水害がたくさん起きておりますけれどもね。悔い改めるべきものが一部あるということは、一つには言えると思いますね。

ですから、賽《さい》の河原《かわら》の石積みみたいなもので、「石を積んだら鬼《おに》が来て壊《こわ》し、石を積んでは壊し……」みたいなことが繰《く》り返し起きておりますわね。「信仰《しんこう》観に、何か誤りがある」ということを意味しているというふうに考えてよいと思います。

まあ、この次、今、東京方面にも近づいてきておりますが、まだまだこんなものは終わりではないと、私は思っていますので。

皇室が現在まで存在できた理由は、「外見は神道《しんとう》、中身は仏教」

天照大神　令和の世も、決して何もよいことが起きていない状況《じょうきょう》にはなっていますよね。このなかに、まだ、神域に入るのに不浄《ふじょう》があると言わざるをえない点がありえるということですね。

皇室のなかでも、人間的な欲望とか、我執《がしゅう》とか、こういうものが飛び交《か》っていて、本来、神仏に対する橋渡《はしわた》しをしなければいけない場所であるにもかかわらず、そういう意味が薄《うす》れてしまって、諸外国のような王家の子孫《しそん》みたいな気持ちでいるところが多いようです。そういう意味では、日本神道《しんとう》ではないものであるので。

外見は神道、中身は仏教。これが皇室の、現在まで存在できた理由でありますので。

そうした「日本の正統派の神の考え」と「仏教における釈尊《しゃくそん》の教え」と、この両方を融和《ゆうわ》させながら、この国民《くにたみ》を導いていくことにより、日本という国が先進国入りしたんだということを忘れてはならないのではないかと思います。

信仰心《しんこうしん》を否定する国ではなく、信仰心が溢《あふ》れる国と仲良くせよ

質問者A　日本全体の話についてお伺いしたいのですけれども、先ほどの話でいきますと、この菅《すが》政権、あるいは自民党の主流派は、米中の対立が激しくなってきたにもかかわらず、「正邪《せいじゃ》を分かとう」という国際政治の流れに反して、

「中国の観光客を招こう」というような、〝逆〟の流れをしていこうとしていると思います。

本当に、日本という国がこのまま自由を維持《いじ》できるのか。本当に、この一年、二年先、平和な世界が展開しているのか。このことについて、未来から現在を見て、ご意見を賜《たまわ》ればと思います。

天照大神　「頼《たよ》りにされるべきときに頼れない国というのは、先進国としてはどんなものかなあ」という気持ちはあるだろうと思いますね。

はあー（ため息）。ちょっと、悲しすぎて、私も、これについて言うのは、つらくなるんですけれども。

先の敗戦で、「神の国」という概念《がいねん》が崩壊《ほうかい》してしまっているのだろうと思いますけれども。諸外国の大きな宗教等もですね、この世的に何度敗れても敗れても、立ち上がってくる、そういう人民の心が宗教をつくってきているのでね。

この点については、残念であるかなあというふうに思っております。

インドも、十二、三億、人口があるなかで、コロナはかなり流行《はや》ってき始めておりますが、一部、先進国にはなっているけれども、後《おく》れているところもかなりある。ただ、信仰心《しんこうしん》が溢《あふ》れる国であることは間違《まちが》いない。彼らの信仰そのものを世界に広げるわけにはいかないけれども、これだけ大きな国が、信仰心が溢れる大国が、十何億の国があって、その隣《となり》に、信仰心を否定する国、十何億（の国）があるという。

「どちらのほうと仲良くすべきか」ということは明らかではあるし、日本霊《れい》界《かい》はインド霊界までつながっているので。このあたりまでは、つながっております。

「世界を導く羅針盤《らしんばん》がある」と伝えなければならない

天照大神　特に、中国……。経済だけで考えておるんだろうけれども、その貧しい人たちが豊かになること自体は悪いことではないが、「一部の人たちの考えで動かされている」ということに対しては、「人間が、食料になる小動物になっているような状態になっているのではないかなあ」と思います。

あの香港《ホンコン》の哀《あわ》れな状況を見て、手を差し伸《の》べることができないでいる。そして、香港の人たちが「ウイグルやチベットや南モンゴルのようになる」ということを非常に警戒《けいかい》して意見を発信しているのに、これに対して、政府筋《すじ》もほとんど動くことができず、そして、マスコミも逃《に》げの一手でいっているようには見えますね。

だから、これについては、日本はリーダーづくりに成功していないということかと思います。

すでに救世主は降りているので、それをもっと誇《ほこ》りに思い、「世界を導く羅《ら》針盤《しんばん》がある」ということを伝えなければならないんだけれども、国自体は何の役にも立っていないというところですね。

これこそ、（国から）「自助だけでやりなさい」と言われている状況かもしれません。「私たちは、何ら協力する気はありませんので、自助でやってください」という。これに対しては、〝ある種の不敬罪〟は必ず働くものだと思っていただきたいと思います。

「時代を超《こ》えて遺《のこ》すべきもの」を大切に育てよ

質問者C　今、さまざまに起きている災厄《さいやく》を、神罰として受け止められる日本国民を増やしていくことは、たいへん重要なのだと、改めて感じさせていただきました。

このように、いろいろと起きてくる事象に対し、単に自分の暮らしが大変になるということではなく、「このなかに何らかの神意がある」と気づいてもらうために、いろいろな活動で支援《しえん》することが必要なのだと思います。

今の日本人の、残念な状況もありますけれども、人間が持っている「信仰の本能」に、これからどのように働きかけをしていけばいいのか、天照様からご示唆《しさ》を頂けましたら幸いに存じます。

天照大神　三月ぐらいから、コロナの影響《えいきょう》でだいぶ国の様子は変わってまいりましたですけれども、そのなかで、経済の不活発から始まって、前途《ぜんと》が見えない状況が続き、巣ごもり状態も続いておりました。

このなかで、確かに、いろんな活動が静止していきましたので、困った面々も多いし、困った事業も多いと思うのですが、反面、反省すべき点としては、「なくてもよいものが、本当に、バブルのようにたくさんあったのだ」ということも気づかねばならない時期ではあったのではないかと思います。

値打ちがないものに、大勢の人が群《むら》がったり、狂奔《きょうほん》したりしていたことも多いのではないかと思うので。「本当に必要なもの、本当に大事なものとは何か」

ということを見極《みきわ》めて、日本人が向かうべき筋を求めなければならないというふうに思うんですね。

だから、「大勢の人が集まったり、人気があったり、収入がたくさんあげられるもののなかに、不要不急《ふようふきゅう》のもの、本当は要《い》らなかったものがいっぱいあった」ということを、今、ちょっと反省して考えてみるきっかけが必要だし。

また、テレビ、新聞、雑誌、さらには、インターネット系列のいろんなツールがあると思いますが、〝無駄《むだ》な情報〟で時間を浪費《ろうひ》し、人生を浪費しているということを、もっと深刻に考えるべきであって、「人生にとって、本当に必要なことを必要なこととして求め、無駄なことは無駄なこととして仕分けていく力」が、今、働くべきときで。その不必要なものがむやみに氾濫《はんらん》し、増殖《ぞうしょく》し、バブル化して、一見、繁栄《はんえい》しているように見えていたところを反省すべきではあるかなと思っています。

国策としては、中国みたいなものを先進国と認めて、中国がやっているようなことを、これからやろうとしているように見えますけれども、この中国の大いなるバブルも崩壊するものと見ておりますので、あとを追っていては、ろくでもない結果になると思います。

今、必要なのは、「時代を超《こ》えて遺《のこ》すべきものは何か」ということを考えて、それを大切にして育てていくこと。そして、過ぎゆくもの、一日や一週間や一年でもう終わってしまうようなものに狂奔するその体質を、やはり的確に選《よ》り分けていくことが大事なのではないかと思います。

また、「機械文明の進化が人類の進化だ」と思っている人たちもたくさんいると思いますが、「そのなかには、まったく不要なものもたくさんあるのだ」

ということを知ってもらいたいと思います。

大事なことが伝わっていない現状を猛省《もうせい》しなければ、危機は次々と起きる

天照大神　だから、「百年足らずの人生のうち、何割を無駄に使っているか」ということを考えなくてはならず、何割も無駄に使っておりながら、肝心《かんじん》な、神の存在も知らず、霊界の存在も知らず、自分が生まれ変わってくる前の志《こころざし》を知らず、死んでからあとに行くべき場所を知らず、死んでからあとになすべきことを知らず、本当に大事なことが大事なこととして伝わっていない現状に対して、猛省《もうせい》していただきたいのです。

猛省しなければ、みんなが何か立ち止まって考えねばならないようなことが、これから先にも次々と起きます。

それは……、そうですねえ、まあ、私が見るところ、これから待っているものは……、日本人に対してだけでも待っているものは「一ダース」ぐらいはありますね、ええ。うーん、少なくとも〝十二個ぐらい〟は、恐《おそ》るべきことが、日本人を反省させるために続いてくると思います。

立ち止まって気づいてほしい。そして、引き下がらねばならないところは引き下がることも考えていただきたいというふうに思っています。

それぞれの、いろんな危機が来たときに、「この危機に何の天意があるか」ということを考えていただきたいと思います。

質問者Ａ　天照様、本日は、まことにありがとうございました。

天照大神　じゃあ、よろしいのですか。

質問者Ａ　はい、ありがとうございます。

天照大神　まあ、平成の時代に三十年、令和の時代に入っても、これだけ危機が続き、これからも……。大きな危機、本当の危機は、これから本当に始まってくるのですが、このときに、「指針がないように見えている」ということ自体が、「世を照らす光、警鐘《けいしょう》がない」ということであるので。大手のマスコミも反省していただきたいし、肥大化を求める政治家や官僚《かんりょう》にも反省していただきたいし、すぐお金を撒《ま》く政治家を評価する国民にも、「こんなものは要りません。もっと、やるべきことをやってください」と言えることを望みたいと思います。

さらには、「国家のＧＤＰ（国内総生産）の二倍以上の借金があるような政権運営には、非常に危険なものがある」ということを冷静に自覚して、健全な国家運営に戻《もど》していくよう努力されたいというふうに思います。

それから、幸福実現党はまだ使命を果たしていません。使命を果たすべく、前向きの努力をされることを願っています。

はい。以上です。

質問者一同　ありがとうございました。

7　霊言《れいげん》収録を終えて

大川隆法　（手を二回叩《たた》く）「最小限のことをおっしゃったのではないか」ということです。

「天照大神よ、神罰《しんばつ》は終わったか。」で、「終わっていない」という結論ですね。「あと〝一ダース〟ほど準備している」とのことで、「早めに気づいたほうが、あとがよろしくなる」ということです。

いや、菅《すが》さんも、どうか肝《きも》を冷やしていただきたい。肝を冷やすことが、冷静な政治をする意味で、いいと思います。

マキャベリズムでは、天照大神の力は打ち破ることはできないと思います。
では、以上です（手を一回叩く）。

質問者一同　ありがとうございました。

「霊言現象《れいげん》」とは、あの世の霊存在の言葉を語り下ろす現象のことをいう。これは高度な悟《さと》りを開いた者に特有のものであり、「霊媒現象《れいばい》」（トランス状態になって意識を失い、霊が一方的にしゃべる現象）とは異なる。

また、人間の魂《たましい》は原則として六人のグループからなり、あの世に残っている「魂のきょうだい」の一人が守護霊《しゅごれい》を務めている。つまり、守護霊は、実は自分自身の魂の一部である。したがって、「守護霊の霊言」とは、いわば本人の潜在《せんざい》意識にアクセスしたものであり、その内容は、その人が潜在意識で考えていること（本心）と考えてよい。

なお、「霊言」は、あくまでも霊人《れいじん》の意見であり、幸福の科学グループとしての見解と矛盾《むじゅん》する内容を含《ふく》む場合がある点、付記しておきたい。

〈付録〉菅官房長官《すがかんぼうちょうかん》（現・総理）守護霊《しゅごれい》の霊言《れいげん》

二〇二〇年九月二日　収録

幸福の科学 特別説法堂《せっぽうどう》にて

菅義偉《すがよしひで》（一九四八～）

政治家。秋田県生まれ。法政《ほうせい》大学法学部卒。民間企業《きぎょう》勤務の後《のち》、衆議院議員秘書や横浜《よこはま》市議会議員を経《へ》て、一九九六年、衆議院議員に初当選を果たす。二〇〇六年発足《ほっそく》の第一次安倍晋三《あべしんぞう》内閣では総務大臣を務め、二〇一二年、第二次安倍内閣の内閣官房長官《かんぼうちょうかん》に就任《にん》する。二〇一四年より沖縄《おきなわ》基地負担軽減担当大臣を兼《けん》任する。二〇二〇年、安倍首相の辞任に伴《ともな》い行われた自民党総裁選挙に勝利し、第九十九代内閣総理大臣に就任した。

質問者

大川紫央《おおかわしお》（幸福の科学総裁補佐《ほさ》）

［役職は収録時点のもの］

〈霊言《れいげん》収録の背景〉

二〇二〇年九月一日の深夜から二日にかけて、ある霊人《れいじん》が大川隆法総裁のもとに来たため霊査《れいさ》を行《おこな》ったところ、菅義偉氏の守護霊《しゅごれい》であることが判明した。

1　出馬会見前に現れた菅官房長官《すがかんぼうちょうかん》（現・総理）の守護霊《しゅごれい》

「不成仏霊撃退祈願曲《ふじょうぶつれいげきたいきがんきょく》」に霊が反応してくる

（編集注。背景に、大川隆法総裁作曲の「THE EXORCISM《ジエクソシズム》――不成仏霊撃退祈願曲《ふじょうぶつれいげきたいきがんきょく》――」がかかっている）

大川隆法　ちょっと、踊《おど》っているような感じです。駆《か》り立てられて踊っているような感じです。
　何か、大河ドラマ風ではある。

大川紫央　はい。

大川隆法　〝明智光秀《あけちみつひで》〟みたいな感じの。

大川紫央　この曲で反応している人は、どなたでしょうか。

大川隆法　激しく横揺《よこゆ》れに。

大川紫央　いちおう（曲に）反応して……。

大川隆法　横反応しています。横揺れ反応しています。右手です。

大川紫央　踊る人は来なくていいですよ。

大川隆法　踊ってますよ、これ、本当に。何か言いたいことがある人はいますか。これは「THE EXORCISM」です。不成《ふじょう》仏霊《ぶつれい》撃退祈願曲として制作しました。何か、今、反応が出てきましたので、これに反応した者、言いたいことがあれば、どうぞお願いします。誰《だれ》か反応した人はいますか。

（約十秒間の沈黙《ちんもく》）

「自分が大将で出ていいか、大川総裁の意見をお聞きしたい」

菅義偉守護霊　不成仏霊でないといけないんですか。

大川紫央　どなたでしょう？

CD「THE EXORCISM― 不成仏霊撃退祈願曲―」（作曲 大川隆法、編曲 大川咲也加・水澤有一、幸福の科学出版刊）

菅義偉守護霊　うーん、難しい。

大川紫央　不成仏霊じゃなくてもいいです。

菅義偉守護霊　いいですか。菅官房長官《かんぼうちょうかん》（現・総理）です。

大川紫央　あっ、こんばんは。

菅義偉守護霊　不成仏とは言えないんですが。

大川紫央　不成仏とは言えないですね。

菅義偉守護霊　いや、けど、一言《ひとこと》、お伺《うかが》いに来てしまった。

大川紫央　でも、この曲がかかったら、いちおう反応したくなったんですか。

菅義偉守護霊　ああ、しましたね。

大川紫央　（私が部屋に入ってきて、霊調《れいちょう》が変わったようでしたが）私に憑《つ》いていた？

菅義偉守護霊　なんか、いい曲ですね。なんか、すごい、滑《すべ》っていくような感じが。スーッと。

大川紫央　私に憑いていた？　そういうわけじゃないですよね。

菅義偉守護霊　いや、あなたがいないと始まらないから。

大川紫央　ああ、そういうことか。

菅義偉守護霊　聞き手がいないと始まらないので。

大川紫央　なるほど。菅さん（の守護霊）は……。

菅義偉守護霊　不成仏ではないですよ。

大川紫央　不成仏ではない。

菅義偉守護霊　人生の、もしかしたら最頂期を迎《むか》えるかもしれず。

大川紫央　そうですね。

菅義偉守護霊　明日《あした》の夕方に会見するっていうから。

大川紫央　ああ、そうなんだ。

菅義偉守護霊　もし、それで、その前にいじめられて〝ポシャッた〟ら、不成仏になります。

大川紫央　いや、まあ、菅さんでいいんじゃないですか。これは個人的な意見ですが。

菅義偉守護霊　いやいやいや、やっぱりテレビ局とかね、テレビ朝日とか、「安倍《あべ》さんの敵」系のやつは、やっぱり、ちょっと意地悪を言おうとしてはいますから。

大川紫央　そうですね。

菅義偉守護霊　まあ、石破《いしば》ファンとかね、岸田《きしだ》ファンのほうは、「不利だ」っていうことで、巻き返し。今晩、一晩。

まあ、私は一日ずらしたんで。この二人は夕方出して、どうなるか。それで、みんながそちらのほうに行きたがるかどうか、まあ、ちょっと見ているんで。

大川紫央　なるほど。

菅義偉守護霊　不成仏とは言えないんですけど、もしかしたら、最大の幸福かもしれず、もしかしたら、失敗したら、最大の……。

大川紫央　チャンスを逃《のが》すかもしれない。

菅義偉守護霊　……不幸に、明日はなるかもしれず。
まあ、前の、おたく様で出していただいた……。

大川紫央　（菅氏の過去世《かこぜ》の一つとされる）大石内蔵助《おおいしくらのすけ》さん。

菅義偉守護霊　……私の守護霊霊言《れいげん》で、「もう、そういうふうになる気はなく、安倍さんに殉《じゅん》ずるつもりです」と言っているので、そのほうが美学的にいいのかなあと思ったり、まあ、両方あるんですけど、こちらのご意見がどうか、一

『誰もが知りたい菅義偉官房長官の本音』
（幸福実現党刊）

回聞いてみたいと思いまして。神の声の代わりに聞かないといけないかなあと。

大川紫央　なるほど。

菅義偉守護霊　どうなんでございましょう。まあ、公正中立なご意見が聞けるのではないかなあと思って。

大川紫央　総裁先生のおっしゃっていることを聞いているかぎり、石破さんは、やっぱり、ちょっと一匹狼《いっぴきおおかみ》的なところがあるし……。

菅義偉守護霊　ええ。

大川紫央　岸田さんも、まだちょっと未知数なところもあるし、ちょっと押《お》しが弱いというか。

菅義偉守護霊　うーん、だから……。

大川紫央　まあ、やっぱり菅さんを……。

菅義偉守護霊　「三十万円の失敗と、あと、事業補償《ほしょう》のやつをやらそうとして、両方とも存在感がなかった」っていうところでね、上のほうが、なんか、もう推《お》す気がなくなったみたいで。「これでは選挙に勝てないし」っていうことでねえ。

大川紫央　まあ、継続《けいぞく》性を維持《いじ》したり……。

菅義偉守護霊　私は「黒子」、本来は「黒子」でねえ、〝陰《かげ》で支える役〟が向いてて、

●三十万円の失敗……　新型コロナウィルス感染拡大に伴う経済対策として、岸《きし》田文雄《だふみお》前政調会長は「減収世帯へ30万円給付」を提案し、安倍晋三《あべしんぞう》前首相は合意。しかし、自民党の二階俊博《にかいとしひろ》幹事長、公明党の山口那津男《やまぐちなつお》代表の要求により、安倍前首相は30万円の給付を撤回し、「全国民へ一律10万円給付」に方針を転換した。

それで人気を博しているんで。表に自分が「大将」で出て、本当にいいもんかどうか。これは、大川総裁の意見をちょっとだけお聞きしたいなあとは思って。

大川紫央　なるほど。

「モリカケ」「桜」問題に幕を閉《と》じるという役割が回ってきた

菅義偉守護霊　まあ、奥様《おくさま》はどうお考えですかねえ。押し切ればなれるかもしれないけど、向いてないなら、それは引かなきゃいけないし。

大川紫央　謙虚《けんきょ》な方ですね。

菅義偉守護霊　いやいや。まあ、大石内蔵助だって、主君の仇《あだ》を討《う》ったら、みんな切腹《せっぷく》ですから。死ぬつもりでやっているんであって、ええ。幕府を倒《たお》すところまでは行かなかったですから。

大川紫央　でも、あれですよね。「安倍さんの体の調子が崩《くず》れて辞《や》める」という、表向きもいちおう……。

菅義偉守護霊　表向きはそうですが、裏は「モリカケ」「桜」問題で、もう責任追《つい》及《きゅう》をこれ以上させずに幕を閉《と》じるっていう役割が、私に回ってきてて。あとの二人では……、岸田と、何だっけ？

大川紫央　石破さん。

菅義偉守護霊　石破では、もっと〝蓋《ふた》を開《あ》ける〟ほうにやられそうなんで。石破は蓋を開けたい。

大川紫央　石破さんの（守護霊）霊言を録《と》って、それを聞いた感じでは、首相になってほしいとはあんまり思わないですよね。

菅義偉守護霊　石破は蓋を開けたいほうだから。

大川紫央　まあ、蓋は開けるけど。

菅義偉守護霊　前の小泉《こいずみ》みたいに、「打倒《だとう》自民党」とか言って、総理になりたがるほうの兵法《へいほう》。

大川紫央　それを言うことで、票を集めようとしているんでしょう?

菅義偉守護霊　だから、「自民党の隠蔽《いんぺい》体質と対決する」と言って票を集めようとして、まあ、なったら、すぐ解散に打って出るような、なんか、パフォーマンスをやりたがってると思う。それは、みんな、上が嫌《いや》がってますよ。岸田は弱いから、押されたら、例えば検察とかがグイグイやっても、よう止めないんじゃないかなという。まあ、そんな感じですかね。

公約は、安倍《あべ》さんがやるであろう政治を、一年は頑張《がんば》ってやること

大川紫央　日本だけで考えるとそうなんですけれども、ただ、二カ月後、アメリカ大統領がどうなるかは分からないし。

菅義偉守護霊　そう、それによっても、調整もしないといかんし。

大川紫央　そうそう。

菅義偉守護霊　まあ、私だったら、これでもう、とにかく「守り重視」でいくしかないんで。

大川紫央　そうですね。（菅さんの場合は）まだそれほど極端《きょくたん》に方向がブレたりする感じではありませんよね。

菅義偉守護霊　安倍《あべ》さんの路線で一通り……、「安倍さんがやるとしたら、やるであろう政治を、一年は頑張《がんば》ってやる」というところが、私の公約でしょうね、言うとしたら。

大川紫央　それで、とりあえず一年やればよいのではないでしょうか。

菅義偉守護霊　うーん、そうですか。

大川紫央　という感じのことを、総裁先生もおっしゃっていたようにも思います。

菅義偉守護霊　ありがとうございます。

大川紫央　あとは、一年もったとして、そのあと、小池《こいけ》さんが出てきたらどうなるかということと、菅さんのお仕事の評価がどう出るかということが、出てくるのだろうと思いますけれども……。

菅義偉守護霊　それはそうですよねえ。まあ、「黒子」ですからね、本来はね。〝秋田からの集団就職組〟ですから、〝ちょっと暗い〟ですからね、人生が。

リーダーでない者同士で世界を動かす「漂流《ひょうりゅう》の時代」へ

大川紫央　今、日本国内の政治の問題についてワアワア言ったところで、アメリカの大統領がどうなるかで、また日本を取り巻く状況《じょうきょう》はけっこう変わるし、今、中国も（南シナ海に向けてミサイルを）四発撃《う》ったりしているぐらいですからね。

菅義偉守護霊　そうそうそう。でも、アメリカはねえ、バイデン氏になってても、そんなに大きく、もう変えることはできないだろうなあとは思って。そんなには変えられないでしょうね。特に、ヒラリーとかならまだあれでしょうが、今、バイデン氏になっても、そんなにはもう変えられないような状態。惰性《だせい》で一期ぐらいやるぐらいだろうとは思っています。だから、そう大きくは変わらない。

トランプさんも、まあ……、二期目になり、信任されたと……、まあ、通るかもしれないですけれども、うーん……。まあ、世界各地でいろんな……、「分断された」と言って、不満もいっぱい上がっておりますので。

これから〝リーダーのない世界〟に入りそうなんですよね。「ニューズウィーク」にも書いてあるけれども、〝リーダーのない世界〟、「Gゼロ」に入りそうなので。

だから、私の場合もリーダーじゃないから、リーダーでない者同士で世界を動かして。あと、習近平《しゅうきんぺい》とかプーチンとかはもう古すぎて、独裁者の気分が漂《ただよ》っているから、世界のリーダーには向いていないので。だから、もうマクロンぐらいしか、あと、いないけれども、「マクロンの力では無理だ」というあたりで、漂うのではないかという。漂流《ひょうりゅう》するんじゃないかと、世界は。そんな感じなんですよねえ。

大川紫央　当会の霊言でも、そんな感じですけれどもね。しばらくカオスというか、混乱が続く。

菅義偉守護霊　「漂流」思想。誰も引っ張っていけない状態が続くのではないかと、しばらく。

「私ねえ、あんまりＰＲしていないけれども、信仰心《しんこうしん》はあるんですよ」

大川紫央　でも、菅さんは、もし外国からの脅威《きょうい》等があったときには、いちおう日本を護《まも》るつもりはありますよね？

菅義偉守護霊　私ねえ、あんまりＰＲしていないけれども、いちおう信仰心《しんこうしん》はあるんですよ。

大川紫央　なるほど。

菅義偉守護霊　年を取っているから、もう。お迎えが来るまでの間ねえ、信仰心が必要だと思っているので。

麻生《あそう》さんはクリスチャンだけれども、まあ、クリスチャンには見えないよね。まあ、私は、どっちかといえば、伝統的な日本の信仰心を持ってはいるので、ええ。天照大神《あまてらすおおみかみ》のお言葉とかは非常に大事に思っておりますので、支持してくださるのならうれしいし。

まあ、日本は去年から具合が悪いのは、よく私も感じてはいます。

大川紫央　いちおう天罰《てんばつ》かなと？

菅義偉守護霊　「天罰」系かなあと感じています。私とか安倍さんあたりは、まあ、いちおう大川先生の本もみんなこっそり読んでいますから。まあ、そうかなあとは思っているので。

いちおう、それを、まあ、軍師に、何て言うのかな、策士《さくし》に……。策士、いや軍師……、参謀《さんぼう》か。「参謀がいない」と言いつつも、幸福の科学の本に書いてくれていること等が、まあ、一つのね、参謀機能にはなってはいるので。それで、「どういうふうにすべきか」ということで、いちおう参考にはしているので。

まあ、中国が大きな問題になるのと、アメリカが問題になるのと、日本の自立性を、今言っていらっしゃるから、まあ、そういうふうにやるべきなんだろうなとは思っておりますけれどもね。

だから、本当は大川隆法先生にね、〝影《かげ》の〟、何て言うか、そういう〝アドバイザー〟をしていただきたいぐらいなんですけれどもね。

もう信仰心がいちばんですよ。私ら学歴がない者がねえ、それはもう、考えたって無理ですからね、ええ。

大川紫央　大丈夫ですよ。総裁先生は、堂々とご自分の意見を言ってくださるので、回り回って聞こうと思えば聞けます。

菅義偉守護霊　だから、だいたいつかんでいる。「こういうふうに考えた」というのをだいたいはつかんでいますから。

釈《しゃく》党首にもお会いしていますからね。まあ、なるべく神のお心を受けるように頑張ろうとは思っておりますけれどもね。

総裁選への出馬を決意した気持ちを明かす

大川紫央　石破さん（の守護霊）は、「国家の危機が来たら逃《に》げる」と言っていましたものね。

菅義偉守護霊　なんかすっきりはしないタイプなんですよね、国民の手前、ちょっとねえ。

大川紫央　言葉でいろいろと緻密《ちみつ》な雰囲気《ふんいき》で説明はされているのですけれども……。

菅義偉守護霊　「逃げ」だよね？　官僚《かんりょう》みたいなところが、ちょっとあるのでね。

大川紫央　そうですね。霊言をしたときの感じは、そんな雰囲気でしたね。

菅義偉守護霊　岸田は隙《すき》が多いということで、みんな、ちょっと嫌がっているんですよね。ボロを出すんじゃないかという感じで。

大川紫央　そうしたら、あっという間にまた終わって……。

菅義偉守護霊　選挙であっという間に転落？　「野党転落は嫌だ」って、みんな言ってるんで、まあ……。

大川紫央　でも、これだけ（コロナ対策で）お金を出しているときに、わざわざ選挙でまた数百億円を使うというのも、何か微妙《びみょう》ですよね。

菅義偉守護霊　うん……。だから、まあ、岸田さんも先は分からないけど、できるようになるとは思うけれども。

とりあえず現行の路線をある程度守って、政府の方向性を固めればねえ、まあ、不祥事《ふしょうじ》をあんまりもう出さないように上手に逃げ切れば、私の使命は終わりかなと。まあ、次の適切な人に譲《ゆず》ればいいかなと思うんだけど。

大川隆法先生が「総理の器《うつわ》でない」と、もうおっしゃるんなら、まあ、それは、それも受けなきゃいけないかなあと思ってはいるんですけどね。

でも、安倍さんは、今、もうとにかく辞めたいという一点張《ば》りなんで。誰かがやらなきゃいけないけど、麻生さんを立てたら、またもう一回、同じことが起きるんじゃないかと、みんな心配はしているし。

大川紫央　そうですね。まあ、麻生さんは経験しましたからね。

菅義偉守護霊　「二階《にかい》さんの顔では選挙はできない」って、みんな言うてるし。

大川紫央　そうですね。

菅義偉守護霊　実力のある人は、外見が悪いんですよ。私の学歴でねえ、外国の要人と会って大丈夫《だいじょうぶ》なのか、ちょっと心配なんですけどね、本当はね。

大川紫央　まあ、最後は「学歴」ではなくて「人物」ですから。

菅義偉守護霊　ええ。河野《こうの》さんなんか、英語をしゃべったりしてますからね、防衛大臣で。

大川紫央　トランプさんなんて、もう、「本を一冊も読んでいないバカだ」と言われつつやっているぐらいですから（笑）。

菅義偉守護霊　私は、いちおう読んでますからね。

「冒頭《ぼうとう》解散がなければ、予算成立までは、まずはないと思う」

菅義偉守護霊　そうですか。まあ、大川先生は幸福実現党の総裁ですからね。大川先生のほうで、「菅でもいい」とおっしゃるんでしたら、何ですかねえ、裏側で多少なりとも、かすかに選挙協力していただく感じというか、提携《ていけい》していく感じで。まあ、右のほうのバランスが悪くなってきつつあるのでねえ、今。だから、中国のご機嫌《きげん》を取るのとバランスが要《い》るんでねえ。

大川紫央　中国は、「首相が代わるタイミングで、今こそ親中派の日本にもっとなってもらって、アメリカと分断させて、取り囲もう作戦」を考えてはいるので、そこに負けないようにしていただきたいところです。

菅義偉守護霊　ええ、ええ。

いやあ、自民党の票を減らしたくはないけど。野党に票を持っていかれるのは、あんまりよくないとは思っているので。

野党は安倍さんの路線、「本当の路線」にはなりませんので。「憲法九条死守《ししゅ》」で集まってるんでしょ？　共産党まで、立憲民からね。

だから、本当は幸福実現党ね、私も本当はあってほしいんですけどね。本当はあってほしいなあと思ってるんですけど。それは意見が言えますからね、あってほしいなあと。野党に票を取られるぐらいならね。

そのへんのところをうまく調整できたらいいなあと思うんですけど、なかなか……。

まあ、自民党のほうもなかなか、誰を立てるかによって、ザーッと選挙で負けるかもしれないと思われてるし、また国会で追及されてね、解散に追い込《こ》まれることもありえますのでね。まあ、「冒頭《ぼうとう》解散」がなければ、予算成立まではまずはないと思いますけどね。

2　国内外の諸問題に対する菅氏守護霊の考え

アメリカの情勢について意見を求められる

菅義偉守護霊　でも、次、どんな難題が起きてくるか分からないからね。本当に中国か何かが動くかもしれないし、アメリカで動きが出るかもしれないし。どうなんですか。アメリカは、トランプさんは勝ちそうなんですかねえ。

大川紫央　当会としては、トランプさんに勝っていただきたいと考えています。まだトランプさんがいてくれたら、世界のリーダーもいるし、習近平《しゅうきんぺい》さんにも、ものが言えますけれども。

菅義偉守護霊　まあ、ＴＰＰから脱退《だったい》しちゃったりねえ。脱退が好きだからね、ＷＨＯから脱退したし（笑）。アメリカは孤立《こりつ》主義の動きも、多少見えるんで。

大川紫央　でも、ＷＨＯの事務局長は、完全に中国に買収されていますしね。

菅義偉守護霊　まあ、分かるけどね。

ＴＰＰは安倍《あべ》さんが頑張《がんば》ったからね。アメリカの動きが何とかなってるけど、あれは、中国包囲網《ほういもう》なら〝必要な道具〟だったんだよ。

大川紫央　でも、オバマさん、バイデンさんは、きれいごとを言うところがあります。言葉だけで、イメージ戦略ばかりで、何もしない人たちですから。

菅義偉守護霊　なるほど。

大川紫央　それは、やはり、ちょっと腹が立ってきているんですよ。

菅義偉守護霊　いや、私もそんなに腰《こし》の入《い》った政策が言えるかどうかは、ちょっと分からないけどね（笑）。

大川紫央　いや、でも、オバマさんやバイデンさんは、言葉できれいなことを言おうとするじゃないですか。

菅義偉守護霊　ええ。

大川紫央　それで、何だか理想主義者のような感じでいるけれども、実際は悪を助長させて混乱を招いているようには思いますけどね。

菅義偉守護霊　そっか。

大川紫央　トランプさんのほうは、「アメリカ・ファースト」と言いながら、本心をお聞きすると、やはり「世界」のことを考えています。

菅義偉守護霊　うーん。

大川紫央　バイデンさんのほうが、本当は「アメリカ・ファースト」で、「日本」のこととか「アジア」のこととかは、別にそこまで自分のことだと思っていませんから。

菅義偉守護霊　そうか。

「何とか、とりあえず一年間、死守《ししゅ》」

菅義偉守護霊　まあ、私もね、でも、コロナの対策？　あと、引き続いて見るっていうの？　まあ、そんなにまだ、一年や二年続く可能性もあると思ってはいますので。

大川紫央　そうですね。

菅義偉守護霊　それと同時に、雇用《こよう》情勢が悪くなってきますからね。その景気の問題と……、難しい難題は、まあ、国内的にはそういうところが中心ではあるんだけど。

外交のほうは少し、十分には分かりませんけども、「中国がもし軍事的な活動をするなら、どうしたらいいか」っていう問題と、「アメリカが替《か》わった場合、どうなるか」っていうのが、このへんが難しいところではあるんですけどね。

まあ、「何とか、とりあえず一年間、死守《ししゅ》」っていう感じで。安倍さんもまだ生きていらっしゃるから、考えはおありだろうから。〝院政を敷《し》く〟つもりかもしれないし。まあ、麻生《あそう》さんの考えもあるし。

麻生さんとか幹事長の考えも受けながら、調整しながらやるしかないかなあと思う。できるだけ〝失点〟を出さずに、とりあえず一年、衆議院の任期、総裁の任期を一年だけ、それをまず戦い抜《ぬ》いて、器《うつわ》かどうか、自分で試《ため》してみたらどうかと思ってるんですが。

大川紫央　菅さんの守護霊が霊言《れいげん》をしてくださる前に、総裁先生もだいたいは読み取られていらっしゃったので。別に、反対はされていなかったと思います。

菅義偉守護霊　まあ、大川隆法先生が、「一年ぐらいやってもいい」とおっしゃるなら、実験してみてもいいかなあと思っています。

大川紫央　「菅さんになったら、いちおう継続《けいぞく》性は保たれるのではないか」といったことはおっしゃっていたと思います。

菅義偉守護霊　幸福実現党はどうなんですかねえ？　「モリカケ」「桜」、全部、蓋《ふた》を開《あ》けたいんですかね？　どうなんですかね？

大川紫央　うーん、蓋を開けたいかというと、「この状況《じょうきょう》で」とは思うところもありますし、まあ、総合的に考えて別にそこまで。黒川《くろかわ》さんの守護霊霊言本をお読みいただければ……。

菅義偉守護霊　黒川さんはね、まあ、安倍さんというよりは、

『黒川弘務検事長の本心に迫る』（幸福の科学出版刊）

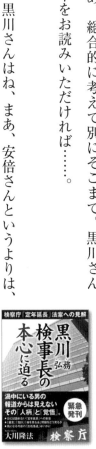

私のほうに近かったんで。

で、（大川隆法総裁は）黒川さんの同期で、お友達とのことなんでね。それで、ちょっと親しみは湧《わ》いてはいるんですけどね、私のほうは。黒川さん擁護本《ようごぼん》を出しているのを見てね、「ありがとう」っていう気持ちはちょっとあってね。「よくぞ言ってくれた」って。

安倍《あべ》首相に表れていた「長期政権の弊害《へいがい》」

大川紫央　ただ、安倍《あべ》さんは、もう慢心《まんしん》の気《け》が出て、堂々とよろしくないことをやっても、全然、悪気がない雰囲気《ふんいき》だったら、やはり、ちょっと言わないといけなくなりますけれども。

菅義偉守護霊　まあ、今はちょっと、コロナ禍《か》で少し自粛《じしゅく》ムードがありますから、「札束《さつたば》を切って切って」っていうのは、それは、もうできないとは思いますけどね。

だから、まあ……、内閣の信任という意味では、ほどほどのところで止めないと。だって、まあ、検事総長が頑張っても、法務大臣が上司ですからねえ。もう、前法務大臣を捕《つか》まえて有罪にするんだったら、まあ、十分やりすぎるぐらいやっていますからねえ。まあ、そのくらいが……、限度はそんなものかなと。

大川紫央　別に、悪を徹底追及《てっていついきゅう》したいわけではなくて、やはり、気づいたら少し軌《き》道《どう》修正されるとか、そういうことは必要だと思いますけれども。

菅義偉守護霊　うーん。

大川紫央　別に、すごく追及するというわけではないと思いますが。

菅義偉守護霊　まあねえ、だから、長く政府をやってね、安倍さんも長くやってて、

「百億」からの予算を使っているとね、〝小さいお金〟が気にならなくなってくるんですよね、ちょっと。慣れてくるとね。

大川紫央　あと、マスコミからも揚《あ》げ足を取られてばかりということもありますからね。

菅義偉守護霊　一億とか十億ぐらい、そんなに気にならなくなっちゃうんですよねえ。

大川紫央　ですから、やはり、長くやりすぎた弊害《へいがい》はあるということですよね。

菅義偉守護霊　うーん、だから、ちょっとね、外国が来て、いろいろ頼《たの》んできたりしたら、すぐ、〝挨拶《あいさつ》代わり〟に三十億、五十億と、やっぱり出しちゃいますからね。そういう癖《くせ》が、どうしても出てくるんですよね。

大川紫央　そうですね。弊害が出るところについては、ちょっと気を引き締《し》めていただいて。

「私だけでは力不足」「大川先生からアイデアを頂きたい」

菅義偉守護霊　まあ、「補助金」いっぱい出して。「コロナの補助金」をいっぱい出したところが、本当に役に立っているかどうかは、ちょっとウオッチしなきゃいけないんですけど。まあ、全体的に、私だけではちょっと力不足ですので、大川先生あたりから、アイデアをいろいろと頂けたらうれしいなあとは思っているんですけどねえ。

まあ、〝閣外協力〟っていうか、まあねえ、国会の議席ないからねえ、幸福実現党はできないんですけど。いやあ、精神的に多少、ねえ？　つながりがあればうれしいなとは思ってはおりますけれども。

大川紫央　うちは宗教なので、最終的には、自分たちの党の利益だけではなくて、やはり日本を護《まも》りつつ……。

菅義偉守護霊　まあ、黒川さんを擁護されたっていうことは、内閣を潰《つぶ》してしまうみたいなところまでやりたいとは思っていらっしゃらないかなというふうには……。

大川紫央　そうですね。あの霊言の「あとがき」や「まえがき」を読む分には、やはり、そうでしょうね。

菅義偉守護霊　「そこまでする必要はない」ということのように……。

大川紫央　それは、立憲民主党か何か知りませんけれども、完全にあちらのほうにまた行かれたら、日本はもう終わってしまいますし。

菅義偉守護霊　憲法は一字もいじらないっていう方向でしょう。

大川紫央　そうそう。

菅義偉守護霊　安倍さんも、憲法改正できなかったのは残念なことだから。でも、「憲法改正」できなくても、「国防」のほうはやらなきゃいけないからねえ、今、どうしてもね。

「天罰《てんばつ》が継続《けいぞく》されるかどうか」を気にする菅氏守護霊

大川紫央　香港《ホンコン》・台湾《たいわん》については……。

菅義偉守護霊　香港に関しては、私、まあ、通り一遍《いっぺん》の言い方かもしれないけども、まあ、いちおう「人権弾圧《だんあつ》に対しては反対」っていう意向は出してはいるんですよ、とりあえずね。

大川紫央　いちおう、おっしゃっていましたよね。

菅義偉守護霊　あんまり刺激《しげき》しすぎない範囲《はんい》内でね。だから、いちおう言ってはいるんで、そんなに考えが変わっているわけじゃないんですけどね。

大川紫央　大石内蔵助《おおいしくらのすけ》さんは忠義《ちゅうぎ》の方でもあるんでしょうから、ぜひ、「神々への忠義」を持って頑張っていってください。

菅義偉守護霊　まあ、まだあと一年、安倍さんの代わりをしようと思うけれども、その天罰《てんばつ》のほうのも継続《けいぞく》されるのかどうか、そのへんがちょっと分からないので。

大川紫央　うーん。それは世界的なことだから、もうしかたがないです。

菅義偉守護霊　うーん。まあ、でも、幸福の科学の本を読むかぎりは、中国中心に「天罰」は動いているみたいではあるので。

大川紫央　そうですね。でも、日本の政治家だけではなくて、日本国民自体も、そろそろ、精神的に、何かいろいろ、もうちょっと気づかないといけないところはあると思いますけれどもね。

菅義偉守護霊　大川先生自身は、防衛上のミサイルを持つことや空母ぐらいを持つことぐらい、反対ではないんでしょうから。

大川紫央　全然、反対ではないですね。日本が侵略《しんりゃく》されるぐらいなら、防衛上「核ミサイルを持っていてもいい」とおっしゃっていましたからね。

菅義偉守護霊　ハハハッ（笑）。

アメリカが、まあ、もし次の大統領が決まったら、一回ぐらいは行かないといかんかなあと思ってはおるんですけど。私は、すぐに解散する気はないので。予算が通って大統領選が終わったら、来年にでも、お会いに一回行ったほうがいいかなとは思ってはいますけどね。

それ以外の祟《たた》りがあるかどうかは、私には分かりませんけど。

大学ねえ、幸福の科学大学ねえ、萩生田《はぎうだ》君が逃《に》げたけどね。とにかく「モリカケ」とかで盛り上がったからねえ。だから、「大学をやると、また追及が来る」と思って逃げに入って、実績は何もないですよね。民間試験も入《い》れないで、逃げて逃げてしている状況ですからねえ。

私も、何もできないかもしれないけどね、いちおう〝ご依頼《いらい》〟は受けているから、もう一回、検討ぐらいは開始するようにぐらいはね、そのくらいのことは言えないことはないかなと思ってはいるんですけどね。

大川紫央　実際にやってくださることだけを言っていただければ。

菅義偉守護霊　ええ。とにかく、今はね、〝引き算〟はやっちゃ駄目《だめ》なんで。「失敗してはいけない」っていうことで。

「〝ここの承認も取る必要がある〟と思って、ご挨拶《あいさつ》に来た」

大川紫央　かなりたくさんの責任が載《の》ってくると思いますが、お体にお気をつけて。

菅義偉守護霊　ええ。とりあえず、ご挨拶《あいさつ》に来ましたので。〝ここの承認も取る必要がある〟と思って、明日《あした》の夕方までの間に。

大川紫央　ああ、ありがとうございます。

菅義偉守護霊　ええ。今、長老たちがいちおうみんな推《お》してくれているので、出れば、たぶん、国会議員のほうでは通るとは思っていますけれども。

すみません、力足らずですけど。

大川紫央　いえいえいえ。

菅義偉守護霊　もし応援《おうえん》してくださるんでしたら。

大川紫央　ぜひ、日本を……。

菅義偉守護霊　ありがとうございました。「不成仏霊撃退曲《ふじょうぶつれいげきたいきょく》」で反応してしまいました。

大川紫央　いえ（笑）。

菅義偉守護霊　不成仏霊にならず、明るくいきたいとは思っております。

大川紫央　もし、霊言のあとで先生が何かおっしゃっていましたら、修正しますので。ただ、おっしゃっていなかったら、「まあ、いい」ということ、「別に反対ではない」ということだと思いますので。

菅義偉守護霊　先生も、「岸田《きしだ》と石破《いしば》は、少し頼《たよ》りないな」と思っていらっしゃるようには見えますがね。

大川紫央　今は、もう少し世界のなかの日本を見ながらやらないと、厳しいですからね。自民党のなかの勢力争いだけをしていてもいけませんし。

菅義偉守護霊　ああ……（息を大きく吐《は》く）。

今後ともよろしゅうご指導をお願いします。東京正心館《しょうしんかん》の裏（泉岳寺《せんがくじ》）で〝眠《ねむ》っとり〟ますので。

大川紫央　はい（笑）。

菅義偉守護霊　どうぞよろしくお願いします。

大川紫央　はい。ありがとうございます。

3　菅氏および他の候補者への見解

大川紫央　はい。菅さん（守護霊）でした。

大川隆法　まあ、麻生《あそう》さんよりはいいと思いますけどね。
　でも、本人も短期でやるつもりでしょうから、短期でボロを出さず、安倍《あべ》さんの路線も守って、コロナと戦い、景気を支え、大不況《だいふきょう》まで落ちないところで抑《おさ》え、失業者の問題を解決していくことに努力してくれるのなら、それでいいのではないかと思います。

大川紫央　いちおう、今まで「守り」をやってきた方としての実績があるからということで……。

大川隆法　まだ小泉《こいずみ》さん等には任せられないですね。

大川紫央　息子《むすこ》のほうですね。

大川隆法　はい。防衛大臣の河野《こうの》さんも、ちょっと右寄りの、強い政策は持っているでしょうけれども、全体が見えるところまではまだ来ていないように思いますしね。みな、成長の可能性はありますが。

岸田《きしだ》さんも、人柄《ひとがら》はいいけれども、やはりリーダーシップが足りませんよね、今のところ。

石破《いしば》さんは一般票狙《いっぱんひょうねら》いで、野党のほうの票を狙っているぐらいの感じがするので、「ちょっと厳しいかな」というところです。

大川紫央　そうですね。

大川隆法　自民党のなかから浮《う》いています。

大川紫央　そうなんです。なかで一匹狼《ぴきおおかみ》で、味方がいなさそうだから、「今後の政権運営が大丈夫《だいじょうぶ》なのかな」という感じはありますよね。

大川隆法　そうですよね。「自民党の膿出《うみだ》し」を大義名分《たいぎめいぶん》に、いずれするかもしれないから、みな怖《こわ》がっているでしょうね。

まあ、「とりあえず、よろしいのではないですか」というところですね。

大川紫央　はい。ありがとうございました。

あとがき

神を信じないことが罪なのだと、今の日本人のどれだけの人が知っているだろうか。

無神論・唯物論の国を大国化させ、インド太平洋に脅威《きょうい》を与えるようにさせたのは、日本の責任もあろう。

台湾は日本から戦後独立したのであって、中華人民共和国から独立したわけではない。この点、日本は責任を持つべきであったろう。

天照大神の願いは、正しさの樹立である。

マキャベリズムはもう結構である。

信仰はまっすぐでなければならない。

思いと行いを一致させて、神に恥じないことこそ、本来のあるべき姿である。

二〇二〇年　十月八日

幸福《こうふく》の科学《かがく》グループ創始者兼総裁《そうししゃけんそうさい》　大川隆法《おおかわりゅうほう》

『天照大神よ、神罰は終わったか。』関連書籍

『黄金の法』(大川隆法 著 幸福の科学出版刊)
『天照大神の御本心』(同右)
『最大幸福社会の実現――天照大神の緊急神示――』(同右)
『UFOリーディング 地球の近未来を語る』(同右)
『ウィズ・セイビア 救世主とともに
――宇宙存在ヤイドロンのメッセージ――』(同右)
『黒川弘務検事長の本心に迫る』(同右)
『誰もが知りたい菅義偉官房長官の本音』(大川隆法 著 幸福実現党刊)

天照大神《あまてらすおおみかみ》よ、神罰《しんばつ》は終《お》わったか。

2020年10月15日　初版第1刷

著者　大《おお》川《かわ》隆《りゅう》法《ほう》

発行所　幸福の科学出版株式会社

〒107-0052 東京都港区赤坂2丁目10番8号
TEL(03)5573-7700
https://www.irhpress.co.jp/

印刷・製本　株式会社 研文社

落丁・乱丁本はおとりかえいたします

ISBN978-4-8233-0223-7 C0014

帯 時事
装丁・イラスト・写真（上記・パブリックドメインを除く）©幸福の科学

大川隆法 霊言シリーズ・天照大神の啓示

天照大神《あまてらすおおみかみ》の御本心《ごほんしん》

「地球神」の霊流を引く
「太陽の女神」の憂いと願い

「太陽の女神」天照大神による、コロナ・パンデミックとその後についての霊言。国難が続く令和における、国民のあるべき姿、日本の果たすべき役割とは？

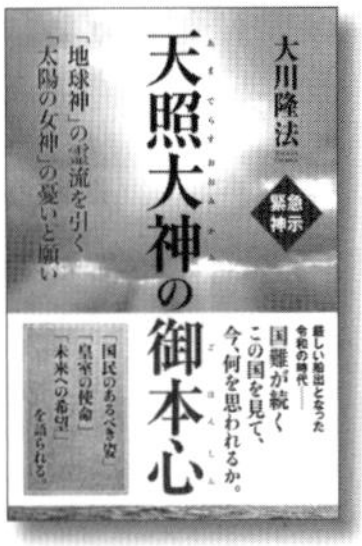

1,400円

天照大神の「信仰継承」霊言

「信仰の優位」の確立をめざして

法を曲げない素直さと謙虚さ、そして調和の心──。幸福の科学二代目に求められる条件とは何か。「後継者問題」に秘められた深い神意が明かされる。

1,500円

天照大神の未来記

この国と世界をどうされたいのか

日本よ、このまま滅びの未来を選ぶことなかれ──。信仰心なき現代日本に、天照大神から厳しいメッセージが発せられた！

1,300円

天照大神の御教えを伝える

全世界激震の予言

信仰を失い、国家を見失った現代人に、天照大神が下された三度目の警告。神々の真意に気づくまで、日本の国難は終わらない。

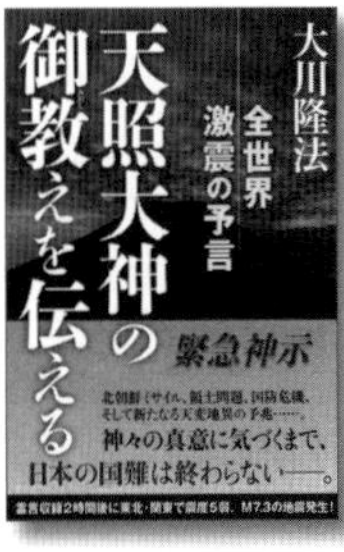

1,400円

※表示価格は本体価格（税別）です。

大川隆法ベストセラーズ・日本のあるべき姿

新しき繁栄の時代へ

地球にゴールデン・エイジを実現せよ

アメリカとイランの対立、中国と香港・台湾の激突、地球温暖化問題、国家社会主義化する日本──。混沌化する国際情勢のなかで、世界のあるべき姿を示す。

1,500 円

現代の武士道

洋の東西を問わず、古代から連綿と続く武士道精神──。その源流を明かし、強く、潔く人生を生き切るための「真剣勝負」「一日一生」「誠」の心を語る。

1,600 円

天御祖神《あめのみおやがみ》の降臨

古代文献『ホツマツタヱ』に記された創造神

3 万年前、日本には文明が存在していた──。日本民族の祖《おや》が明かす、歴史の定説を超越するこの国のルーツと神道の秘密、そして宇宙との関係。秘史を記す一書。

1,600 円

大日孁貴《おおひるめのむち》の霊言

天照大神のルーツとその教え

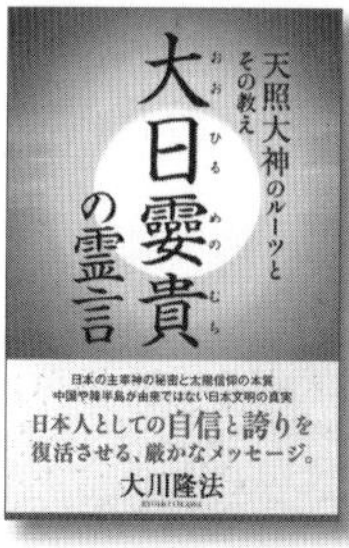

天照大神の秘密と太陽信仰の本質、そして日本文明の発祥の真実が明らかに。日本人としての自信と誇りを復活させる、光満てるメッセージ。

1,400 円

大川隆法 霊言シリーズ・人類への警鐘

釈尊の未来予言

新型コロナ危機の今と、その先をどう読むか──。「アジアの光」と呼ばれた釈尊が、答えなき混沌の時代に、世界の進むべき道筋と人類の未来を指し示す。メタトロン、ヤイドロンの霊言も収録。

1,400円

ウィズ・セイビア 救世主とともに

宇宙存在ヤイドロンのメッセージ

正義と裁きを司る宇宙存在が示す、地球の役割や人類の進むべき未来とは？ 崩壊と混沌の時代のなかで、宇宙人の側から大川隆法総裁の使命を明かした書。

1,400円

シヴァ神の眼から観た地球の未来計画

コロナはまだ序章にすぎないのか？ 米中覇権戦争の行方は？ ヒンドゥー教の最高神の一柱・シヴァ神の中核意識より、地球の未来計画の一部が明かされる。

1,400円

中国発・新型コロナウィルス感染 霊査

中国から世界に感染が拡大する新型ウィルスの真相に迫る！ その発生源や〝対抗ワクチン〟とは何かなど、宇宙からの警告とその背景にある天意を読み解く。

1,400円

※表示価格は本体価格（税別）です。

大川隆法ベストセラーズ・コロナ禍を生き抜くために

コロナ不況下のサバイバル術

恐怖ばかりを煽るメディア報道の危険性や問題点、今後の経済の見通し、心身両面から免疫力を高める方法など、コロナ危機を生き延びる武器となる一冊。

1,500 円

人の温もりの経済学

アフターコロナのあるべき姿

世界の「自由」を護り、「経済」を再稼働させるために——。コロナ禍で蔓延する全体主義の危険性に警鐘を鳴らし、「知恵のある自助論」の必要性を説く。

1,500 円

P．F．ドラッカー「未来社会の指針を語る」

時代が要請する「危機のリーダー」とは？ 世界恐慌も経験した「マネジメントの父」ドラッカーが語る、「日本再浮上への提言」と「世界を救う処方箋」。

1,500 円

大恐慌時代を生き抜く知恵

松下幸之助の霊言

政府に頼らず、自分の力でサバイバルせよ！ 幾多の試練をくぐり抜けた経営の神様が、コロナ不況からあなたを護り、会社を護るための知恵を語る。

1,500 円

幸福の科学出版

大川隆法 霊言シリーズ・日本の政治指導者の本心

誰もが知りたい
菅義偉官房長官の本音
名参謀のスピリチュアル・トーク

安倍政権の陰のキーパーソン・菅義偉官房長官の守護霊が、消費増税や歴史認識、憲法改正などの本音を語る。衝撃の過去世も明らかに！【幸福実現党刊】

1,400 円

岸田文雄外務大臣 守護霊インタビュー
外交 そして
この国の政治の未来

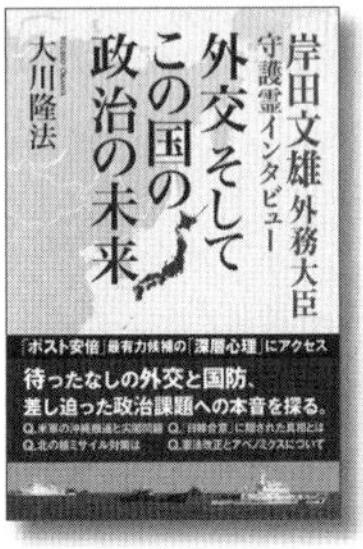

もし、岸田氏が総理大臣になったら、日本はどうなる？ 外交、国防、憲法改正、経済政策など、次の宰相としての適性を多角的に検証。【幸福実現党刊】

1,400 円

二階俊博自民党幹事長の
守護霊霊言
〝親中派〟幹事長が誕生した理由

自民党のNo.2は、国の未来よりも安倍政権の「延命」のほうが大事なのか？ ウナギやナマズのようにつかまえどころのない幹事長の本音に迫る。【幸福実現党刊】

1,400 円

小泉進次郎守護霊の霊言
ぶっ壊したいけど壊せない
自民党の体質

「自民党には言論の自由がない」──。未来の総理候補の守護霊が、国民に説明なしの年金・外交・国防政策など、安倍政権の独裁・隠蔽体質を鋭く斬る！

1,400 円

※表示価格は本体価格（税別）です。

大川隆法シリーズ・最新刊

大川隆法 東京ドーム講演集

エル・カンターレ「救世の獅子吼」

全世界から5万人の聴衆が集った情熱の講演が、ここに甦る。過去に11回開催された東京ドーム講演を収録した、世界宗教・幸福の科学の記念碑的な一冊。

1,800円

UFOリーディング 地球の近未来を語る

2020年に著者が接近遭遇したUFOと宇宙人のリーディング集。敵方宇宙人や、防衛担当宇宙人、メシア型宇宙人など、8種類の宇宙人が語る地球文明の危機と未来。

1,400円

地球を見守る 宇宙存在の眼

R・A・ゴールのメッセージ

メシア資格を持ち、地球の未来計画にも密接にかかわっている宇宙存在が、コロナ危機や米大統領選の行方、米中対立など、今後の世界情勢の見通しを語る。

1,400円

小説　夜明けを信じて。

大川隆法 原作　大川咲也加 著

すべてを捨て、ただ一人往く──。映画の脚本執筆者・大川咲也加による書き下ろし小説。映画で描き切れなかったエピソードや詳しい状況等を多数加筆。

1,300円

幸福の科学出版

大川隆法「法シリーズ」・**最新刊**

鋼鉄の法

法シリーズ 第26作

人生をしなやかに、力強く生きる

自分を鍛え抜き、迷いなき心で、闇を打ち破れ——。
人生の苦難から日本と世界が直面する難題まで、さまざまな試練を乗り越えるための方法が語られる。

2,000円

第１章　繁栄を招くための考え方
——マインドセット編

第２章　原因と結果の法則
——相応の努力なくして成功なし

第３章　高貴なる義務を果たすために
——価値を生んで他に貢献する「人」と「国」のつくり方

第４章　人生に自信を持て
——「心の王国」を築き、「世界の未来デザイン」を伝えよ

第５章　救世主の願い
——「世のために生き抜く」人生に目覚めるには

第６章　奇跡を起こす力
——透明な心、愛の実践、祈りで未来を拓け

幸福の科学の中心的な教え——「法シリーズ」

好評発売中！

幸福の科学出版　※表示価格は本体価格（税別）です。

マドリード国際映画祭
長編外国語映画部門
最優秀作品賞
レインダンス映画祭
特別上映作品
サンディエゴ国際映画祭
公式選出作品
夜明けを信じて。
すべてを捨て、ただ一人往く。
10.16
Roadshow
製作総指揮・原作　大川隆法
田中宏明　千眼美子　長谷川奈央　並樹史朗　窪塚俊介　芳本美代子　芦川よしみ　石橋保
監督／赤羽博　音楽／水澤有一　脚本／大川咲也加　製作／幸福の科学出版　製作協力／ARI Production　ニュースター・プロダクション
制作プロダクション／ジャンゴフィルム　配給／日活　配給協力／東京テアトル　© 2020 IRH Press
NIKKATSU
https://yoake-shinjite.jp/

幸福の科学グループのご案内

宗教、教育、政治、出版などの活動を通じて、地球的ユートピアの実現を目指しています。

幸福の科学

一九八六年に立宗。信仰の対象は、地球系霊団の最高大霊、主エル・カンターレ。世界百二十カ国以上の国々に信者を持ち、全人類救済という尊い使命のもと、信者は、「愛」と「悟り」と「ユートピア建設」の教えの実践、伝道に励んでいます。

（二〇二〇年十月現在）

愛

幸福の科学の「愛」とは、与える愛です。これは、仏教の慈悲《じひ》や布施《ふせ》の精神と同じことです。信者は、仏法真理をお伝えすることを通して、多くの方に幸福な人生を送っていただくための活動に励んでいます。

悟り

「悟り」とは、自らが仏の子であることを知るということです。教学《きょうがく》や精神統一によって心を磨き、智慧《ちえ》を得て悩みを解決すると共に、天使・菩薩《ぼさつ》の境地を目指し、より多くの人を救える力を身につけていきます。

ユートピア建設

私たち人間は、地上に理想世界を建設するという尊い使命を持って生まれてきています。社会の悪を押しとどめ、善を推し進めるために、信者はさまざまな活動に積極的に参加しています。

国内外の世界で貧困や災害、心の病で苦しんでいる人々に対しては、現地メンバーや支援団体と連携して、物心両面にわたり、あらゆる手段で手を差し伸べています。

年間約２万人の自殺者を減らすため、全国各地で街頭キャンペーンを展開しています。

公式サイト **www.withyou-hs.net**

自殺防止相談窓口

受付時間　火～土:10～18時（祝日を含む）

TEL **03-5573-7707**　メール **withyou-hs@happy-science.org**

ヘレン・ケラーを理想として活動する、ハンディキャップを持つ方とボランティアの会です。視聴覚障害者、肢体不自由な方々に仏法真理を学んでいただくための、さまざまなサポートをしています。

公式サイト **www.helen-hs.net**

入会のご案内

幸福の科学では、大川隆法総裁が説く仏法真理《ぶっぽうしんり》をもとに、「どうすれば幸福になれるのか、また、他の人を幸福にできるのか」を学び、実践しています。

入 会

仏法真理を学んでみたい方へ

大川隆法総裁の教えを信じ、学ぼうとする方なら、どなたでも入会できます。入会された方には、『入会版「正心法語《しょうしんほうご》」』が授与されます。

ネット入会　入会ご希望の方はネットからも入会できます。

happy-science.jp/joinus

三帰《さんき》誓願《せいがん》

信仰をさらに深めたい方へ

仏弟子としてさらに信仰を深めたい方は、仏《ぶっ》・法《ぽう》・僧《そう》の三宝《さんぽう》への帰依を誓う「三帰誓願式」を受けることができます。三帰誓願者には、『仏説・正心法語』『祈願文《きがんもん》①』『祈願文②』『エル・カンターレへの祈り』が授与されます。

幸福の科学 サービスセンター

TEL 03-5793-1727

受付時間／火～金:10～20時　土・日祝:10～18時（月曜を除く）

幸福の科学 公式サイト

happy-science.jp

ハッピー・サイエンス・ユニバーシティ

Happy Science University

ハッピー・サイエンス・ユニバーシティとは

ハッピー・サイエンス・ユニバーシティ（HSU）は、大川隆法総裁が設立された「現代の松下村塾」であり、「日本発の本格私学」です。
建学の精神として「幸福の探究と新文明の創造」を掲げ、
チャレンジ精神にあふれ、新時代を切り拓く人材の輩出を目指します。

人間幸福学部　経営成功学部　未来産業学部

HSU長生キャンパス　TEL **0475-32-7770**
〒299-4325　千葉県長生郡長生村一松丙 4427-1

未来創造学部

HSU未来創造・東京キャンパス
TEL **03-3699-7707**
〒136-0076　東京都江東区南砂2-6-5　公式サイト **happy-science.university**

学校法人 幸福の科学学園

学校法人 幸福の科学学園は、幸福の科学の教育理念のもとにつくられた教育機関です。人間にとって最も大切な宗教教育の導入を通じて精神性を高めながら、ユートピア建設に貢献する人材輩出を目指しています。

幸福の科学学園

中学校・高等学校（那須本校）
2010年4月開校・栃木県那須郡（男女共学・全寮制）
TEL **0287-75-7777**　公式サイト **happy-science.ac.jp**

関西中学校・高等学校（関西校）
2013年4月開校・滋賀県大津市（男女共学・寮及び通学）
TEL **077-573-7774**　公式サイト **kansai.happy-science.ac.jp**

仏法真理塾「サクセスNo.1」

全国に本校・拠点・支部校を展開する、幸福の科学による信仰教育の機関です。小学生・中学生・高校生を対象に、信仰教育・徳育にウエイトを置きつつ、将来、社会人として活躍するための学力養成にも力を注いでいます。

TEL 03-5750-0751（東京本校）

エンゼルプランV

東京本校を中心に、全国に支部教室を展開しています。信仰に基づいて、幼児の心を豊かに育む情操教育を行っています。また、知育や創造活動を通して、子どもの個性を大切に伸ばし、天使に育てる幼児教室です。

TEL 03-5750-0757（東京本校）

不登校児支援スクール「ネバー・マインド」

TEL 03-5750-1741

心の面からのアプローチを重視して、不登校の子供たちを支援しています。

ユー・アー・エンゼル！（あなたは天使！）運動

障害児の不安や悩みに取り組み、ご両親を励まし、勇気づける、障害児支援のボランティア運動を展開しています。

一般社団法人 ユー・アー・エンゼル

TEL 03-6426-7797

NPO活動支援

いじめから子供を守ろうネットワーク

学校からのいじめ追放を目指し、さまざまな社会提言をしています。また、各地でのシンポジウムや学校への啓発ポスター掲示等に取り組む一般財団法人「いじめから子供を守ろうネットワーク」を支援しています。

公式サイト mamoro.org　ブログ blog.mamoro.org

相談窓口 TEL.03-5544-8989

百歳まで生きる会

「百歳まで生きる会」は、生涯現役人生を掲げ、友達づくり、生きがいづくりをめざしている幸福の科学のシニア信者の集まりです。

シニア・プラン21

生涯反省で人生を再生・新生し、希望に満ちた生涯現役人生を生きる仏法真理道場です。定期的に開催される研修には、年齢を問わず、多くの方が参加しています。

全世界212カ所（国内197カ所、海外15カ所）で開校中。

【東京校】 TEL 03-6384-0778　FAX 03-6384-0779

メール senior-plan@kofuku-no-kagaku.or.jp

幸福実現党

内憂外患《ないゆうがいかん》の国難に立ち向かうべく、2009年5月に幸福実現党を立党しました。創立者である大川隆法党総裁の精神的指導のもと、宗教だけでは解決できない問題に取り組み、幸福を具体化するための力になっています。

幸福実現党 釈量子サイト **shaku-ryoko.net**
Twitter **釈量子@shakuryokoで検索**

党の機関紙
「幸福実現党NEWS」

幸福実現党 党員募集中

あなたも幸福を実現する政治に参画しませんか。

○幸福実現党の理念と綱領、政策に賛同する18歳以上の方なら、どなたでも参加いただけます。
○党費:正党員(年額5千円[学生 年額2千円])、特別党員(年額10万円以上)、家族党員(年額2千円)
○党員資格は党費を入金された日から1年間です。
○正党員、特別党員の皆様には機関紙「幸福実現党NEWS(党員版)」(不定期発行)が送付されます。

＊申込書は、下記、幸福実現党公式サイトでダウンロードできます。
住所:〒107-0052 東京都港区赤坂2-10-8 6階 幸福実現党本部
TEL **03-6441-0754** FAX **03-6441-0764**
公式サイト **hr-party.jp**

幸福の科学出版

大川隆法総裁の仏法真理の書を中心に、ビジネス、自己啓発、小説など、さまざまなジャンルの書籍・雑誌を出版しています。他にも、映画事業、文学・学術発展のための振興事業、テレビ・ラジオ番組の提供など、幸福の科学文化を広げる事業を行っています。

アー・ユー・ハッピー?
are-you-happy.com

ザ・リバティ
the-liberty.com

幸福の科学出版
TEL **03-5573-7700**
公式サイト **irhpress.co.jp**

THE FACT
ザ・ファクト
マスコミが報道しない「事実」を世界に伝えるネット・オピニオン番組

ザ・ファクト 検索

NEW STAR PRODUCTION

ニュースター・プロダクション

「新時代の美」を創造する芸能プロダクションです。多くの方々に良き感化を与えられるような魅力あふれるタレントを世に送り出すべく、日々、活動しています。 公式サイト **newstarpro.co.jp**

ARI《アリ》 Production《プロダクション》

タレント一人ひとりの個性や魅力を引き出し、「新時代を創造するエンターテインメント」をコンセプトに、世の中に精神的価値のある作品を提供していく芸能プロダクションです。 公式サイト **aripro.co.jp**

大川隆法　講演会のご案内

大川隆法総裁の講演会が全国各地で開催されています。講演のなかでは、毎回、「世界教師」としての立場から、幸福な人生を生きるための心の教えをはじめ、世界各地で起きている宗教対立、紛争、国際政治や経済といった時事問題に対する指針など、日本と世界がさらなる繁栄の未来を実現するための道筋が示されています。

2019 年 12 月 17 日 さいたまスーパーアリーナ「新しき繁栄の時代へ」

2019年10月6日 ザ ウェスティン ハーバー キャッスル トロント(カナダ)「The Reason We Are Here」

2019年7月5日 福岡国際センター「人生に自信を持て」

2019 年3月3日 グランド ハイアット 台北(台湾)「愛は憎しみを超えて」

2019 年7月13 日 ホテル イースト 21 東京「幸福への論点」

講演会には、どなたでもご参加いただけます。
最新の講演会の開催情報はこちらへ。⟹ 大川隆法総裁公式サイト https://ryuho-okawa.org